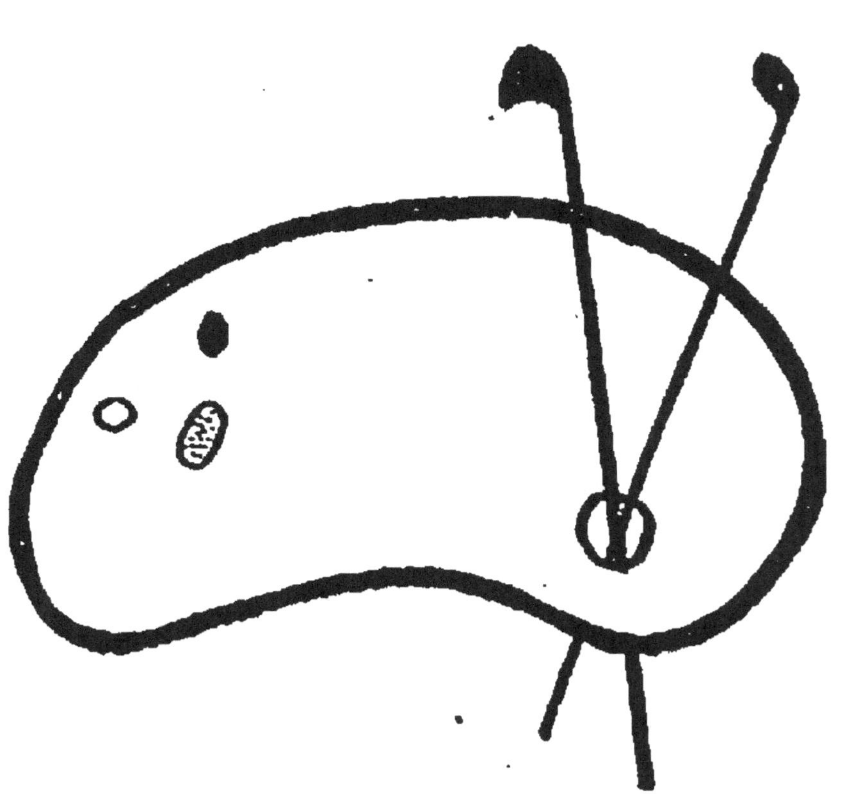

ORIGINAL EN COULEUR
NF Z 43-120-8

Couverture inférieure manquante

VOYAGE DE Mᵍʳ LE COMTE DE PARIS
ET DE
Mᵍʳ LE DUC D'ORLÉANS
AUX ÉTATS-UMIS
ET
AU CANADA

PARIS

LIBRAIRIE NATIONALE

104. Avenue Victor-Hugo. 104

VOYAGE

DE

MGR LE COMTE DE PARIS

ET DE

MGR LE DUC D'ORLÉANS

AUX ÉTATS-UNIS ET AU CANADA

———•———

PARIS

LIBRAIRIE NATIONALE

104, AVENUE VICTOR-HUGO, 104

—

1891

VOYAGE

DE

MGR LE COMTE DE PARIS

ET DE

MGR LE DUC D'ORLÉANS

AUX ÉTATS-UNIS ET AU CANADA

Premier voyage interrompu. — Départ de Liverpool.

Monseigneur le Comte de Paris, accompagné par son frère Monseigneur le duc de Chartres, avait entrepris, au début de l'année 1890, un voyage qui devait pour ces Princes réveiller dans leurs cœurs les plus généreux souvenirs de leur jeunesse. Ils se rendaient en Amérique, aux Etats-Unis, ils allaient y rencontrer les survivants de cette grande et terrible guerre de la Sécession, pendant laquelle ils avaient fait leurs premières armes sous le drapeau étoilé de l'Union.

A peine le Comte de Paris arrivait-il à la Havane qu'il y trouvait deux nouvelles aussi imprévues qu'émouvantes.

Le 4 février, son oncle et beau-père, Monseigneur le duc de Montpensier, qu'il avait quitté peu de jours avant en s'embarquant à Cadix, avait été emporté par une attaque d'apoplexie foudroyante. Le 7 février, son fils aîné, Monseigneur le duc d'Orléans, qui avait atteint la veille sa majorité, était venu à Paris se présenter au bureau de recrutement, à la mairie du VIIe arrondissement et au ministère de la Guerre pour demander à accomplir son service militaire comme simple soldat parmi les conscrits de sa classe. Le soir même le jeune Prince arrêté était conduit à la Conciergerie, le 12 il était condamné par le tribunal correctionnel de la Seine à deux ans de prison, par application de l'abominable loi de proscription du 24 juin 1886, et quelques jours après il était conduit à la maison centrale de Clairvaux.

Vivement ému, le Comte de Paris ne pouvait songer à poursuivre son voyage, il repartit aussitôt pour l'Europe sur le bâteau même qui l'avait amené.

Quand, après quatre mois d'une rigoureuse détention, les portes de l'exil se rouvrirent pour le Premier Conscrit de France, ce projet de visite aux anciens camarades et aux champs de bataille des États-Unis, si brusquement interrompu, fut repris, mais cette fois il était tout naturel que le duc d'Orléans y accompagnât son père, fier de le présenter, heureux de l'avoir retrouvé et de lui offrir une des occasions les plus intéressantes de poursuivre avec lui, sur le terrain même d'une lutte gigantesque, ses études militaires.

Le 23 septembre 1890 les Princes s'embarquèrent à Liverpool. Le comte d'Haussonville, membre de l'Académie française, auteur d'études remarquables sur l'Amérique, le marquis de Lasteyrie, petit-fils du général La Fayette, le colonel de Parseval, un des officiers les plus distingués de notre état-major, le capitaine Morhain, qui avait suivi le Comte de Paris et le duc de Chartres à l'armée du Potomac, le docteur Joseph Récamier, dont le nom est aussi connu dans la science que dans les lettres, formaient la suite du Chef de la Maison de France. Le jeune duc d'Uzès partait pour accompagner Monseigneur le duc d'Orléans.

AUX ÉTATS-UNIS.

Annonce et préparation de l'arrivée des Princes aux États-Unis.

Cette visite était déjà annoncée. Dès le 25 août nous trouvons dans les plus importants journaux de New-York et de Philadelphie l'expression des sympathies qui devaient accueillir l'ancien officier de l'armée du Potomac, l'ancien aide de camp de Mac Clellan et aussi, comme disait la *Tribune* (New-York, 25 août), *le représentant princier du Roi Louis XVI, l'ami et l'allié de l'Amérique dans les sombres heures de son berceau.*

On publiait la généalogie du Prince, on allait *interviewer* les généraux qui l'avait connu à l'armée, on reproduisait leurs récits, tous exaltaient la courtoisie, la simplicité, l'affectueuse camaraderie, l'énergie, l'exactitude dans le service, le bouillant courage des jeunes aides de camp de Mac Clellan, et les journaux les plus démocratiques se plaisaient à rappeler quels souvenirs ineffaçables ils avaient laissés dans les cœurs de leurs compagnons républicains. Un hommage non moins unanime était aussi rendu à la martiale et noble figure du prince de Joinville, qui avait voulu suivre ses neveux jusque sur les champs de bataille et dont on avait même espéré la visite.

Comme c'est l'usage aux Etats-Unis, des comités de réception avaient été organisés. Il nous suffira de reproduire les noms des généraux qui formaient le grand comité de New-York pour faire comprendre la portée de la manifestation préparée. Le président en était le général David Butterfield, ancien chef d'état-major général de l'armée du Potomac, lors de la bataille de Gettysburg. Les membres étaient tous les anciens commandants survivants des corps d'armée : le général Keyes (1ᵉ corps), âgé de 81 ans; le général Francklin (5ᵉ corps); le général Newton (1ᵉʳ corps); le général Fitz-John Porter (6ᵉ corps); le général Sickles (3ᵉ corps), ancien ministre à Madrid, qui perdit une jambe à la bataille de Gettysburg; le général Slocum (12ᵉ corps); le général Howard (11ᵉ corps), qui est encore aujourd'hui en activité de service, qui commande actuellement le département militaire de New-York, et qui pendant la guerre perdit un bras à Fair-Oaks; le général Parke (4ᵉ corps).

A Philadelphie, le comité avait pour président le général David Gregg, l'un des plus brillants officiers de la cavalerie des Etats-Unis, et pour secrétaire le colonel Nicholson.

L'historien. — Son autorité. — Une preuve à l'appui.

Mais ce n'était pas seulement celui que le général Martin Mac-Mahon appelait le *Royal volontaire dans l'armée de l'Union* (le *World* de New-York, 3 octobre 1890), c'était encore l'historien impartial, exact, scrupuleux, fidèle, compétent et loyal que l'on s'apprêtait à fêter, non seulement parmi ses camarades du Nord, mais aussi dans les rangs des Confédérés, auxquels il a en toutes circonstances rendu pleine et bonne justice. Aucune histoire de la guerre de Sécession écrite en Amérique ne jouit d'une autorité aussi haute et aussi incontestée que celle que Monseigneur le Comte de Paris se prépare à terminer et dont les volumes déjà parus constituent un monument durable. Après avoir été un combattant, il est devenu un arbitre dont les jugements sont acceptés avec reconnaissance par un peuple fier des efforts qu'il a faits et heureux de les voir reconnus et proclamés par un Prince français.

Pendant tout le voyage que nous allons suivre, nous verrons l'expression de ce sentiment se manifester à maintes reprises; nous verrons les anciens officiers de l'armée du Sud venir au-devant du Comte de Paris pour le guider eux-mêmes dans la recherche des positions qu'ils occupaient, et il y avait quelque chose de noble et de touchant dans ces hommages qui s'adressent plus encore au caractère, au talent, à la sincérité de l'homme qu'au prestige du rang élevé de ce représentant de la première race royale du monde entier.

Un fait précis et décisif va montrer si nous exagérons l'importance que l'œuvre historique du Comte de Paris a en Amérique et l'influence dont elle y dispose. Nous l'empruntons à une lettre écrite par M. le colonel de Parseval au journal l'*Avenir militaire* :

« Après la seconde bataille de Bull-Run, en août 1862, le général
« Porter avait été accusé de ne pas avoir exécuté les ordres reçus ; à
« la suite d'un conseil de guerre, il avait été, de ce chef, révoqué de
« son commandement. Condamné à l'humiliation d'être rendu à la
« vie civile, pendant que ses camarades continuaient la guerre, il
« n'avait jamais pu arriver à établir suffisamment l'erreur matérielle
« sur laquelle reposait le jugement porté contre lui, et la quantité
« innombrable d'ouvrages écrits en Amérique sur la guerre de
« Sécession n'avaient pas mieux éclairci le problème, lorsque, dans sa
« deuxième édition, le Comte de Paris, mieux éclairé par de nombreux
« documents confédérés, produisit des témoignages qui donnèrent des
« doutes au gouvernement des Etats-Unis. On réunit un nouveau con-
« seil de guerre, et, vingt-cinq ans après la deuxième bataille de Bull-
« Run, le général Porter, déclaré innocent des faits qui lui étaient
« reprochés, fut rétabli dans son grade. Inutile d'ajouter que le général
« garde la plus vive reconnaissance au Prince, et qu'il a été des pre-
« miers à venir le saluer dès son arrivée à New-York (1) ».

Arrivée et réception des Princes à New-York.

Le vendredi 3 octobre, le paquebot qui portait les Princes est signalé en rade de New-York. Aussitôt le commodore Guerry, sur le yacht *Electra*, descend dans la baie.

Une députation de la *Loyal Legion* de Philadelphie a pris place à son bord ; les deux cutters *Washington* et *Chandler* portaient les représentants officiels du gouvernement fédéral et les officiers généraux membres du comité de réception.

Déjà de bruyantes acclamations s'élevaient vers le Comte de Paris,

---

(1) Cf. l'*Avenir militaire*, Paris, 31 octobre 1890. M. le colonel de Parseval, dont la compétence parfaite est connue dans l'armée française, a raconté les visites aux champs de bataille, pendant lesquelles il a eu l'honneur d'accompagner les Princes, dans une série de lettres des plus intéressantes adressées à l'*Avenir militaire* (31 octobre, 4, 18 et 28 novembre, 2 et 9 décembre), qui ont été réunies en brochure et publiées par la Librairie Nouvelle, 15, boulevard des Italiens, à Paris. Nous y renvoyons ceux des lecteurs qui voudraient des détails complets présentés avec tous les éclaircissements techniques instructifs pour les gens du métier.

qui debout sur le pont, ayant près de lui le duc d'Orléans, saluait le chapeau à la main les amis dont il pouvait reconnaître les visages autrefois si familiers.

Le surintendant des douanes, colonel Erhardt, agissant dans l'exercice de sa charge et parlant au nom du ministre des finances des Etats-Unis, souhaita le premier la bienvenue au Prince sur la terre américaine, et lui annonça qu'il avait ordre, en témoignage de reconnaissance pour les éminents services rendus par lui et par les siens à la cause de l'Union, de l'affranchir ainsi que sa suite de toute visite de bagages, droits de douanes et autres et de lui procurer toutes les facilités souhaitables.

Le Comte de Paris reçut alors dans la cabine du capitaine du paquebot les généraux et les membres de la *Loyal Legion*, il les fit connaître à son fils et leur nomma les personnages distingués qui l'avaient accompagné.

L'émotion de ces vieux compagnons d'armes était grande, l'effusion cordiale, les poignées de mains chaudes et empressées. Le Prince très touché lui-même trouvait pour chacun, avec une précision étonnante de sa mémoire toujours fidèle, un aimable ou affectueux souvenir à rappeler. Au général Porter, par exemple, il dit : « Je suis bien content de vous voir réintégré dans votre ancien grade. » Il se plaisait à revoir vivantes, comme il le disait, « toutes ces vieilles figures de l'armée du Potomac ».

Parmi les personnages ainsi accourus se trouvait un officier supérieur en activité de service, M. le colonel Coppinger, qui fut présenté à Monseigneur le Comte de Paris, chargé par le général Schofield, commandant en chef de toutes les forces armées des Etats-Unis, de saluer le Prince en son nom et de se mettre à sa disposition pour le suivre partout pendant tout son séjour et dans tous ses déplacements.

Ce sont bien là les honneurs qu'on a coutume, chez les peuples civilisés, de rendre à des visiteurs que leur qualité et leur rang élèvent au-dessus des simples particuliers, si distingués qu'ils puissent être.

Les Princes accostèrent au quai, et c'est escortés de toutes les délégations qu'ils furent conduits en ville à l'hôtel Windsor, où leur logis était retenu.

Visite du général Sherman.

Presque aussitôt se présenta à l'hôtel, pour saluer Monseigneur le Comte de Paris et pour lui demander de fixer un jour pour dîner chez lui, le plus illustre de tous les hommes de guerre que la Sécession ait suscités, le général Sherman.

C'est encore à M. le colonel de Parseval, témoin de cette entrevue, qu'il convient d'en emprunter le récit :

« Je ne saurais vous dire la satisfaction intime que j'ai éprouvée à
« l'entendre, pendant deux heures, causer dans son cabinet avec
« Monseigneur le Comte de Paris de la guerre de Sécession, et, en par-
« ticulier, de sa célèbre campagne de Géorgie. Il mettait sous les yeux
« du Prince, à l'appui des réponses qu'il faisait à ses questions, les
« cartes qui lui avaient servi pendant cette campagne, les rapports
« des généraux commandant les armées sous ses ordres, et jusqu'à
« ceux des officiers de cavalerie chargés des *pointes*. Et quelle clarté
« dans ses appréciations! Comme dans ses Mémoires, il n'hésitait pas
« à dire : « Dans telle circonstance, je me suis trompé »; parole bien
« rare dans la bouche d'un général en chef illustré par la victoire, et
« qui donne une haute idée de son caractère.

« Par une coïncidence heureuse, les deux chefs d'armée de Sher-
« man en Georgie, Slocum qui commandait l'aile gauche, et Howard
« qui commandait l'aile droite directement à Samoin, se trouvaient
« chez le Prince le même jour; — le premier, rude et solide général,
« qui s'est montré plein d'entrain et de capacité partout, et surtout à
« Gettysburg, où son intelligence du terrain et sa vaillance contri-
« buèrent puissamment au succès, — le second, encore en activité, le
« doyen des majors généraux (généraux de division) après le com-
« mandant en chef de l'armée, militaire de haute valeur, nature sym-
« pathique, de formes distinguées, d'un esprit fin, de trempe éner-
« gique, d'un extérieur plein de dignité, et qui, comme commandant
« de brigade, de division ou d'armée, a assisté pendant la guerre de Sé-
« cession à 39 batailles ou combats! Il est du reste connu en France,
« où il avait été envoyé en 1881, pour suivre les manœuvres du
« 17ᵉ corps ».

Nous ne pouvons ici donner les noms de tous les visiteurs de dis-
tinction qui se présentèrent le même jour. Parmi eux, on remarqua
cependant le ministre de Portugal venu exprès de Washington.

Les Princes à New-York.

Le samedi 4 octobre les Princes avaient parcouru la ville. Ensuite,
ils avaient assisté aux courses de Morris Park, et, le soir, à un grand
dîner donné en leur honneur à l'*Union-Club* par le général Butterfield.
Parmi les vingt convives, on remarquaient Mᵍʳ Corrigan, archevêque
catholique de New-York, le général Batcheller, récemment nommé
ministre à Lisbonne, le sénateur Werner Miller, chef du parti républicain, M. Auguste Belmont, leader du parti démocratique, M. Wet-
more, gouverneur de Rhode-Island, le colonel Michie, de l'École
militaire de West Point, etc.

Le lendemain dimanche, c'était l'illustre général Sherman qui les
recevait à dîner « en famille », comme disent les journaux de New-
York.

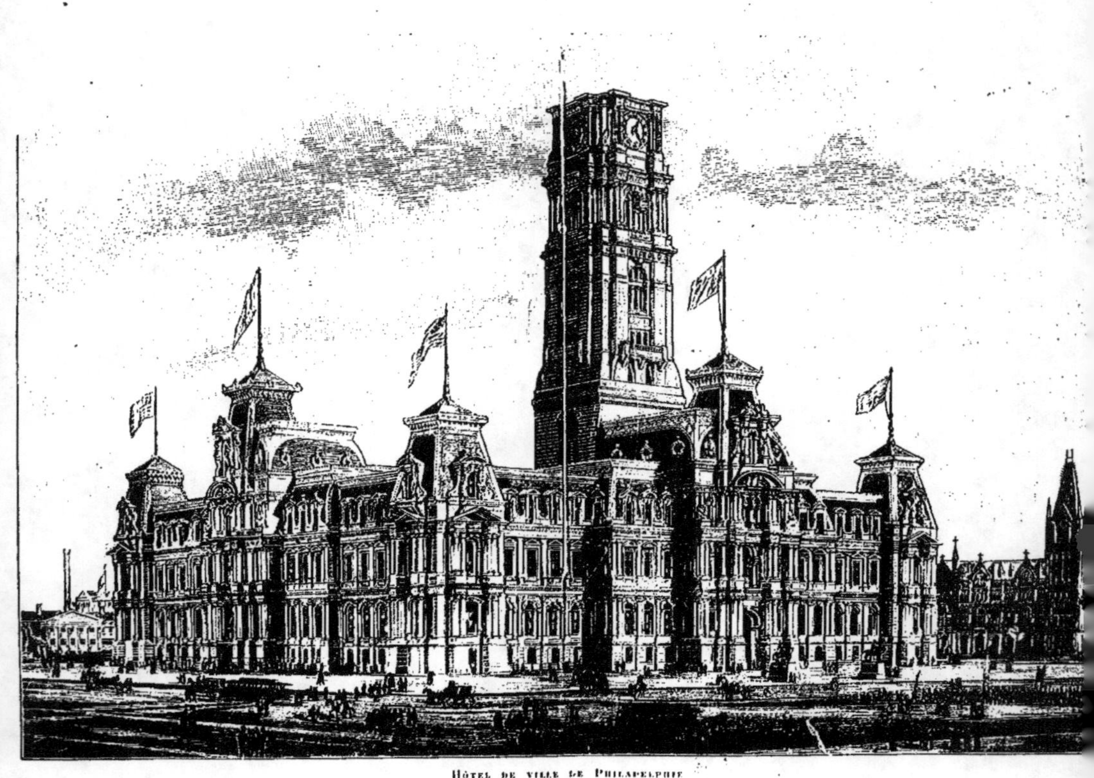

Hôtel de ville de Philadelphie

C'est à l'un des plus importants d'entre eux, au *Herald*, que nous emprunterons, en le traduisant mot à mot, un aimable incident des promenades du Prince dans New-York. Comme il admirait le pont de Brooklyn, un policeman fit front tout à coup pour le saluer militairement.

Je vous demande pardon, j'ai eu l'honneur de vous voir autrefois, je crois, dit le policeman respectueusement.

Vraiment ? dit le Comte. Je ne me rappelle pas.

Il n'est pas extraordinaire que vous ne vous souveniez pas de moi, car je n'étais qu'un simple soldat dans le rang et vous étiez un officier d'état-major. J'étais à la bataille de Gaine's Mill avec la brigade irlandaise, dans l'armée du Potomac, en 1862. Vous étiez un des aides-de-camp du général Mac Clellan, Votre Altesse, et je me rappelle vous avoir vu à cheval avec le « Petit Mac » — que Dieu le bénisse !

Le Comte de Paris éprouva une douce et agréable surprise. Il sourit et serra cordialement la main du vieux soldat.

Je ne puis me souvenir de vous, mon ami, dit-il, mais je me souviens de la brigade irlandaise. Je n'ai pas oublié et je n'oublierai jamais quels braves soldats vous êtes dans votre pays.

Visite au monument de Mac Clellan. — A Philadelphie.

Le lundi 6, au matin, le comité des généraux conduisait les Princes à la gare du chemin de fer de Pensylvanie, où le wagon-salon de M. Roberts, président de la Compagnie, les attendait. On partait pour Trenton, où le Comte de Paris voulait s'arrêter pour visiter la tombe de son ancien chef, le général Mac Clellan.

A la gare, le fils du général, le colonel Mac Clellan, se présentait, et l'on partait au milieu d'un ouragan de pluie et de vent pour se rendre au monument.

Là, Mgr le Comte de Paris mit pied à terre, se découvrit et pria quelques minutes. Les assistants, silencieux, respectèrent les nobles émotions dont la sincérité se lisait sur son visage.

Le général Stryker, adjudant-général de l'État de New-Jersey, avait fait préparer chez lui un déjeuner où les Princes trouvèrent réunis les représentants officiels les plus éminents de l'État.

Avant de quitter Trenton, le Comte de Paris envoya une dépêche à la veuve de son ancien chef, de ce légendaire commandant de l'armée du Potomac, si fameux encore parmi ses anciens soldats et dans les souvenirs du peuple sous son sobriquet familier du « Petit Mac ».

Voici le texte de ce télégramme :

« Profondément ému par ma visite au tombeau de mon chef bien aimé, je vous fais parvenir l'expression de toute ma sympathie et je fais des vœux pour votre prospérité. »

A trois heures de l'après-midi, le Comte de Paris faisait son entrée à Philadelphie et était conduit à l'hôtel de ville où le maire et les deux conseils l'attendaient pour lui souhaiter la bienvenue. Dans cette vieille cité des quakers le corps municipal se compose, en effet, de deux chambres élues, le *Select Council* et le *Common Council*. Tous deux avaient voté à l'unanimité des résolutions motivées de bienvenue qui, transcrites sur parchemin, avaient été réunies sous une riche reliure. Pareil fait ne s'était pas vu depuis la visite de La Fayette, en 1824.

Reçu sous le porche de l'hôtel de ville par les massiers, le Comte de Paris fut successivement harangué par le maire M. Edwin E. Fitler et par M. Smith, président du *Select Council*, qui lui offrirent les résolutions votées en son honneur. En quelques paroles aimables le Prince remercia en son nom et au nom de sa famille ; tous les dignitaires, tous les officiers publics, les citoyens les plus considérables étaient présents, et une foule immense était accourue remplissant la place et cherchant à pénétrer dans les corridors pour voir et pour entendre.

Après cette belle et solennelle réception, les Princes partaient pour aller dîner à la maison de campagne de M. Childs, l'un des plus considérables citoyens de Philadelphie et le propriétaire du journal le *Public Ledger*.

Suivant une coutume du pays, avant de se mettre à table, Mgr le Comte de Paris, Mgr le duc d'Orléans et les personnes de leur suite ont été invités à planter chacun un arbre dans le parc pour laisser un souvenir de leur visite.

Parmi les convives se trouvaient le gouverneur de l'État, M. Beawer, et le maire de Philadelphie, M. Fitler.

Aussitôt après on rentrait en ville pour se rendre à la réception organisée au Club par la commanderie de Pensylvanie de la *Loyal Legion* d'Amérique. Les salons avaient été magnifiquement ornés de faisceaux de drapeaux français et américains alternés ; il y avait des fleurs partout, et le ministre de la marine avait envoyé spécialement de Washington, pour coopérer à l'éclat de cette fête, la musique de l'infanterie de marine, qui jou... là-bas d'une réputation semblable à celle obtenue si légitimement chez nous par la garde de Paris. Plus de vingt généraux, un nombre infini de colonels, de majors, de capitaines, d'officiers de tous grades, presque tous les hauts fonctionnaires se pressaient

Réception des Princes a l'Hôtel de Ville de Philadelphie

pour défiler devant les Princes français. Mgr le Comte de Paris était placé entre le général David Greeg, commandeur de la *Legion*, et le maire de la ville; des hourrahs enthousiastes éclataient dans les salons, répétés au dehors par la foule.

Ainsi s'acheva brillamment cette journée dont le *New York Herald* donnait le récit à ses lecteurs sous ce titre : *French Royalty in the quaker City*, c'est-à-dire : « La Royauté française dans la cité des quakers. »

Réception à Washington par le général commandant en chef.

Le 7 octobre au matin, le Comte de Paris, après avoir exprimé au général Greeg et au colonel Nicholson son regret d'être obligé de quitter si rapidement ses amis de Philadelphie, partait pour Washington. A la gare, il était reçu par le général Schofield, le doyen des généraux de division et le commandant en chef de toutes les forces américaines, entouré de ses aides de camp.

Conduits à l'hôtel d'Arlington, les Princes le trouvèrent pavoisé aux couleurs françaises, et, après s'être installé dans son appartement, le Comte de Paris ressortait presque aussitôt pour aller rendre visite au général Schofield et au général Joseph Johnston, le plus illustre des survivants parmi les généraux du Sud.

Le soir, le général Schofield donnait en son honneur un grand dîner au Metropolitan-Club; M. Noble, ministre de l'intérieur, M. Rusk, ministre de l'agriculture, l'amiral Francklin, les généraux Rosecranz, Augur, Wright, Hove, Casey, Brockinridge, Vincent, Howard, Butterfield et Mac Keewer, les colonels Nicholson et Coppinger, étaient parmi les convives du général en chef.

Dans l'après-midi, Mgr le Comte de Paris s'était complu à parcourir la capitale, rappelant à Mgr le duc d'Orléans ses souvenirs d'autrefois, lui montrant la maison où il était descendu avec le capitaine Morhain vingt-huit ans auparavant, et le ministère de la guerre où il était venu demander et recevoir sa commission de capitaine aide de camp.

Visite au tombeau de Washington. — Départ pour Richmond.

Le lendemain 8, Mgr le Comte de Paris accompagné par un brillant cortège de généraux, allait à Mount-Vernon rendre hommage à la tombe de Washington. Le propre yacht du Président des Etats-Unis avait été gracieusement mis à sa disposition, et, quand le Prince parut, la garde présenta les armes, le tambour battit aux champs et le pavillon tricolore fut aussitôt hissé au grand mât.

Devant le tombeau de Washington le Comte de Paris demeura

quelques instants silencieux. M. le marquis de Lasteyrie, petit-fils du général de La Fayette, ne cachait pas non plus son émotion.

Les Princes et leur suite s'embarquèrent pour se rendre à Richmond par la baie de Cheasapeck et par le James River.

« A l'entrée du James River, écrit M. le colonel de Parseval, où le « bateau relâchait quelques instants, on apercevait la forteresse de « Monroe, enlevée aux confédérés en 1862, et la rade d'Hampton, où « l'armée de Mac Clellan avait débarqué la même année. C'est de là « qu'elle s'était avancée, à travers la presqu'île comprise entre le York « River au nord et le James River au sud, par une marche que ne « ralentirent que trop la difficulté des communications dans un pays « marécageux, les lignes fortifiées appuyées à la place de York Town, « et enfin les combats qu'il fallut livrer pour franchir ces lignes et ar- « river à la petite rivière du Chikahominy. Ce cours d'eau, affluent du « James River et qui coule parallèlement aux rivières que je viens de « citer, du nord-est au sud-est, partage à peu près également en deux « le terrain qu'elles comprennent. Ce fut dans l'un de ces combats, à « Williamsburg, que le Comte de Paris, qui était attaché, avec le Duc « de Chartres, à l'état-major du général Mac Clellan, vit le feu pour la « première fois.

« En arrivant à Richmond, nous trouvâmes l'ancien colonel An- « derson et plusieurs officiers ayant appartenu, comme lui, à l'armée « confédérée, qui venaient s'offrir à guider les Princes dans leurs visites « de champs de bataille. Ces visites offrirent à tous l'intérêt le plus « réel. D'abord au Comte de Paris, qui revoyait les lieux où il avait « ressenti ses premières émotions militaires. Puis, vous savez combien « le Duc d'Orléans a un goût marqué pour tout ce qui touche au métier « des armes. Quant au capitaine Morhain, le contemporain de nos « plus anciens commandants de corps d'armée, il se retrouvait dans le « pays où il avait eu l'honneur d'accompagner le Comte de Paris « vingt-huit ans auparavant, et il était sans cesse reconnu par d'an- « ciens officiers américains. »

Les Princes, en rayonnant autour de Richmond, allèrent parcourir les champs de bataille de la Virginie.

Visite des champs de bataille.

Le 10 octobre Mgr le Comte de Paris et Mgr le duc d'Orléans mon- tèrent à cheval de très bonne heure, et dans une course de douze lieues relevèrent sur le terrain même toutes les positions des batailles de Mechanicksville, Gaine's Mill et Cold Harhor.

« A Gaine's Mill, écrit encore le colonel de Parseval, le Comte de « Paris retrouva facilement, vers le centre de la position, le bois dans « lequel il avait placé, par ordre du général Fitz John Porter, la divi- « sion du général Slocum, après avoir été, vers deux heures de l'après-

« midi, la chercher sur la rive droite du Chikahominy pour renforcer
« la ligne et avoir 25 bataillons en réserve.....

« Ce jour-là, vers cinq heures du soir, le général en chef avait
« envoyé le Comte de Paris porter, à l'aile droite de la ligne,
« l'ordre de se replier promptement à deux batteries fortement enga-
« gées, et que la retraite précipitée des troupes voisines avaient décou-
« vertes. L'une de ces batteries, ayant la plupart de ses servants et de
« ses chevaux tués, n'avait pu démarrer ; l'autre s'était retirée tant
« bien que mal. Le Prince, sa mission terminée, s'était rendu au point
« où il avait quitté son général ; mais, dans l'intervalle, les troupes de
« la gauche et du centre avait suivi le mouvement de recul de la
« droite, de sorte qu'en arrivant sur la partie découverte du terrain
« dont je viens de parler, il ne trouva plus aucune troupe fédérale et
« tomba au milieu des confédérés, qui avançaient rapidement. Il eut à
« rejoindre alors la direction de la retraite, et passa pour cela sous un
« feu très rapproché, salué pendant plusieurs centaines de mètres par
« une violente fusillade.

« Cet épisode que le pinceau du Prince de Joinville, présent à la
« bataille de Gaine's Mill, a rendu dans un tableau que la gravure a
« reproduit, a été entièrement rétabli sur place. Le Prince a pu retrou-
« ver exactement le chemin qu'il avait suivi vingt-huit ans aupara-
« vant, montrant en cette occasion, comme dans tant d'autres, une
« mémoire et une connaissance du terrain dont le Duc d'Orléans a
« d'ailleurs hérité au plus haut degré. Je ne me souviens pas, en effet,
« dans l'Inde, même dans les parties les plus dénuées de repères, l'avoir
« jamais vu se tromper sur une direction, ni manquer de se recon-
« naître sur un terrain qu'il avait traversé une seule fois. »

Le soir, rentrés à Richmond, les Princes, après leur dîner, se rendaient à une grande réception donnée pour eux par le colonel confédéré
Anderson, qui les accompagna dans toutes leurs excursions ainsi que
le capitaine Haxall et le docteur Callen.

Le général confédéré Joseph Johnston, était venu exprès de Washington pour y assister. Agé de 84 ans, plein de verdeur encore et de
vivacité, il avait l'étoffe d'un remarquable homme de guerre, et Sherman, autrefois son rival et aujourd'hui son ami, le considérait comme
un de ses plus redoutables adversaires.

La journée du 11 était consacrée à la reconnaissance des positions
de Fair-Oaks et de Glendale. Nous ferons encore un emprunt aux souvenirs de M. le colonel de Parseval, doublement autorisé par sa qualité de témoin oculaire et de militaire consommé dans son art.

« A Glendale, à Gaine's Mill, à Fair-Oaks, nous avions pu visiter
« les cimetières spéciaux aux combattants morts dans ces rencontres.
« Rien n'est plus simple, touchant et patriotique. Les places des corps
« des soldats sont marquées par des pierres de petites dimension pla-
« cées généralement sur deux rangs ; les sous-officiers ont des pierres
« un peu plus hautes ; les officiers de plus hautes encore, suivant le
« grade, en avant des *rangs* de la troupe. Le tout est abrité par des

« arbres en excellent état, qui donnent à ces cimetières l'air de petits
« parcs. Un gardien, ancien sous-officier généralement, en a la charge
« et paraît s'en acquitter consciencieusement. On lit à l'entrée quel-
« ques sentences religieuses et militaires d'un style sobre et parfaite-
« ment harmonisé avec la solennité des champs de repos de braves
« morts en combattant. »

Ce jour-là, on avait parcouru à cheval plus de quinze lieues.

Le dimanche 12, Mgr le Comte de Paris alla en chemin de fer à Pe-
tersburg, à cinq lieues au sud de Richmond, où, reçu par le major
confédéré Mac Cale, il visita les lignes fortifiées que le général en chef
du Sud, l'illustre Lee, avait fait élever pour défendre et couvrir sa
capitale assiégée.

Le 13, les Princes quittèrent définitivement Richmond, non sans
avoir admiré avec une fierté patriotique la belle statue du général Lee,
qui est l'œuvre d'un de nos grands artistes français, du sculpteur Mer-
cié, l'auteur de ce touchant et grandiose mausolée du Roi Louis-Philippe et de la Reine Marie-Amélie, qui fut si remarqué au Salon de
Paris avant d'aller orner la chapelle funéraire de Dreux.

Ce jour-là, on parcourut rapidement les champs de bataille de Fre-
deriksburg et de Chancellorsville, pressé qu'on était d'arriver le soir
à Washington pour en repartir le lendemain matin avec le général
Butterfield en train spécial.

Pendant trois jours et deux nuits, le 14, le 15 et le 16, les Princes et
leur suite, en tout une trentaine de personnes, vécurent, voyagèrent,
mangèrent et dormirent dans les vagons-salons de ce train.

Le 14 on releva les positions d'Harsper's Ferry et d'Antietam, et le
soir on arriva à Gettysburg.

« La visite du champ de bataille, dit le colonel de Parseval, eut
« lieu le lendemain 15. On jugera à l'avance de l'intérêt de cette
« visite quand on saura que, la veille, un grand nombre de généraux
« ayant pris part à la bataille de Gettysburg en 1863, — la plupart
« avec des commandements importants, avaient précédé ou rejoint
« les Princes. Après vingt-sept années écoulées, le haut commande-
« ment de l'armée du Potomac s'était reconstitué presque au com-
« plet. Le commandant en chef, le général Meade, était mort depuis
« plusieurs années, mais son chef d'état-major général, le major-général
« Butterfield, était présent. Des sept corps d'armée fédéraux qui avaient
« versé leur sang à Gettysburg, quatre étaient représentés par ceux
« qui les avaient commandés sur le terrain ; le 1er, par le général-ma-
« jor Doubleday, qui avait succédé au général Reynolds, tué au début
« de la première journée, et que le général-major Newton, également
« présent, avait remplacé ensuite ; le 3e, par le major-général Sickles,
« qui perdit une jambe le second jour de la bataille ; le 11e, par le ma-
« jor-général Howard, qui commande actuellement à New-York ; le
« 12e, par le major-général Slocum. Le 2e corps avait le brigadier-
« général Smith ; le 6e, le brigadier-général Wright, qui en comman-
« dait la 1re division. Seul, le 5e corps n'était pas représenté par un

LE COMTE DE PARIS ET LE DUC DE CHARTRES A LA BATAILLE DE GAINE'S MILL
(D'après un dessin original de Monseigneur le Prince de Joinville.)

« officier général. Le corps de cavalerie, composé de trois divisions,
« figurait par le commandant de la troisième division, le brigadier-
« général Greeg.

« L'armée confédérée de Gettysburg, dont tous les chefs de rang élevé
« avaient disparu, sauf le général Longstreet, aujourd'hui très âgé, ne
« comptait à cette visite que quelques officiers et notamment le colo-
« nel Taylor, de l'artillerie.....

« Dans cette visite, les Princes étaient en voiture (1), accompagnés
« du général Butterfield et du commandant du corps d'armée (ou de
« son représentant) des troupes dont on parcourait la ligne. N'avais-je
« pas raison de dire que c'était une véritable revue ? Du champ de ba-
« taille, ils se firent conduire au nord de la route de York, au point où
« le général Greeg avait, avec sa division de cavalerie, chargé une des
« divisions de Stuart. Le général Greeg, grand, sec, élancé, simple
« dans ses manières, sobre et précis dans son langage, véritable type
« de cavalier, les accompagnait. A sept heures, ils rentraient à Get-
« tysburg, au milieu des démonstrations les plus sympathiques de la
« population. »

Le maire avait demandé à Mgr le Comte de Paris d'accepter dans la
soirée une réception. Le Prince y consentit avec empressement, reçut
les souhaits de bienvenue et y répondit par une improvisation si chau-
dement accueillie que tous les citoyens de Gettysburg, présents au nom
bre de plus de neuf cents, voulurent, avant de se retirer, défiler devant
lui et reçurent tous de lui une cordiale poignée de main.

Retour à New-York.

Dans la journée du 16, le Prince visita avec le plus grand intérêt les
mines de Cornwal dans le North Labanon. Le Comte de Paris, qui
a toujours poursuivi les plus sérieuses études sur les moyens d'amé-
liorer les conditions d'existence des travailleurs, se trouvait là l'hôte
d'un très riche et très puissant industriel, M. Robert H. Coleman,
dont la famille est depuis fort longtemps installée dans le pays et a
si bien organisé les conditions du travail, que dans ces usines on trouve
encore des familles entières d'ouvriers qui s'y continuent de générations
en générations depuis 1747.

Le soir il arrivait à Philadelphie, où s'étaient rendus pour le saluer
encore à son passage presque tous les anciens officiers survivants de
l'armée du Potomac, et il dînait chez le général Smith, ancien commandant de corps d'armée, avec le général Joseph Johnston, qui ne
fut pas peu ému ni peu flatté quand à la fin du repas le royal convive
porta lui-même la santé du vieil et illustre soldat du Sud.

---

(1) Un des généraux était privé d'un bras, un autre d'une jambe, ce qui
n'avait pas permis de faire à cheval la visite du terrain.

Le 17, il rentrait à New-York où le soir une grande réception était donnée pour lui par le général Weeb.

Le 18, il s'embarquait sur un yacht à vapeur avec le général Butterfield, allant à West-Point visiter l'Académie militaire. On déjeuna dans la maison de campagne du général, située sur les bords de l'Hudson en face de West-Point, dans un site charmant; dans la salle à manger, une table avait été dressée en forme de fleur de lys à la pointe de laquelle le Prince était assis à la place d'honneur.

L'Académie de West-Point est l'Ecole militaire des Etats-Unis, c'est elle qui forme des officiers et conserve les traditions. Son recrutement paraîtrait chez nous assez singulier et donnerait lieu à de graves abus. Les candidats y sont reçus fort jeunes, presque sans examen, sur la désignation d'un député ou d'un sénateur de leur Etat. Or, en Amérique, il arrive que ce système, qui en France dégénérerait maintenant en un favoritisme scandaleux, produit de bons résultats, parce qu'il est admis, comme une sorte d'usage indiscuté, que ces enfants devront être pris parmi les fils d'officiers et dans les familles où le métier des armes a été pratiqué et est resté en honneur.

En France, hélas! nous avons vu déchirer et annuler des compositions faites en vertu de la loi commune pour l'admission à l'École de Saint-Cyr par un jeune homme qui n'avait commis d'autre crime que celui d'être le fils d'un soldat connu sous les noms de Robert le Fort et de duc de Chartres et d'appartenir à une famille princière dont plus de quarante membres ont été tués à l'ennemi !

Mgr le Comte de Paris et Mgr le Duc d'Orléans reçus à West-Point par le colonel Wilson, surintendant, passèrent en revue les cadets et exprimèrent toute leur satisfaction pour leur belle tenue et pour la régularité de leurs manœuvres.

Réception du général Sickles. — Visite au laboratoire Edison.

Le 20 octobre devait être une journée aussi bien remplie qu'intéressante.

Le général Daniel E. Sickles, le glorieux mutilé de Gettysburg, offrait aux Princes un magnifique déjeuner dans les salons du restaurant Delmonico, l'un des plus élégants de New-York. Vingt-cinq dames et vingt-cinq gentlemen appartenant à la plus haute société de la ville prenaient part à ce banquet, pendant lequel un orchestre ne cessait de jouer et qui se termina par des toasts chaleureux.

Le général Sickles, qui fêtait ainsi son anniversaire de naissance, annonça vers deux heures de l'après-midi, comme on sortait de table, qu'il avait organisé une partie pour aller visiter le laboratoire du célèbre électricien M. Edison, à Llevelleyn Park, c'est-à-dire à une dizaine de lieues de là. L'invitation acceptée, toute la compagnie trouva un bateau prêt pour traverser la baie et un train spécial de chemin de fer qui chauffait en l'attendant.

M. Edison fit lui-même les honneurs de son laboratoire. La grande statue « le Nouveau génie de la lumière » soutenait une immense lampe incandescente, et les expériences du phonographe furent des plus intéressantes.

Le banquet des anciens officiers de l'armée du Potomac.
Discours de Monseigneur le Comte de Paris.

A peine les Princes étaient-ils rentrés à New-York qu'ils devaient se rendre au grand banquet offert à New Plazza Hotel par les anciens officiers de l'armée du Potomac.

La grande salle où avait lieu la cérémonie avait été décorée d'une façon splendide; les couverts étaient disposés sur une table en forme d'ellipse couverte presque entièrement de belles roses ne laissant de nappe que juste ce qu'il fallait aux convives pour ne pas les gêner. Des fleurs d'une éclatante blancheur émaillaient ce tapis de roses et détachaient en grandes lettres les mots suivants : *Armée du Potomac*. A la place d'honneur, destinée au Comte de Paris, on avait placé une sorte de trophée composé d'armes et d'emblèmes des différents corps ayant pris part à la campagne du Potomac. Derrière le siège du Prince, un immense bouclier recouvert de peluche portait trois fleurs de lys de couleur or. Des drapeaux américains et français encadraient le bouclier et produisaient le plus heureux effet.

A peine les convives furent-ils assis qu'un orchestre se fit entendre et joua pendant toute la soirée les airs les plus en vogue. Le Comte de Paris avait à ses côtés le général Butterfield et le général Schofield. Venaient ensuite, à droite et à gauche, le général Sherman, le duc d'Orléans, le colonel de Parseval, l'amiral Braine, le général Franklin, le duc d'Uzès, le général Parke, le marquis de Lasteyrie, et nombre de généraux et de colonels.

A la fin du banquet, le général Sherman ouvrit la série des toasts en portant la santé du Président des Etats-Unis; puis, après des *speechs* très applaudis du général Franklin, de l'amiral Braine, des généraux Schofield, Howard et Keyes, le général Butterfield qui présidait se leva pour boire aux hôtes et prononça le discours suivant :

Lorsque la guerre de la Sécession éclata, le capitaine Louis-Philippe d'Orléans, Comte de Paris, et le capitaine Robert d'Orléans, duc de Chartres, son frère, offrirent à notre gouvernement leurs épées sans demander aucune rétribution.

Ils furent nommés capitaines et désignés comme aides de camp du général Mac Clellan, commandant l'armée du Potomac. Dans l'accomplissement de ce devoir, il n'y eut ni combat ni service de campagne où ils n'aient participé sans se faire remarquer par leur activité et leur promptitude dans l'exercice de leur emploi.

Ils étaient accompagnés par leur oncle, le prince de Joinville qui, sans avoir aucune commission officielle, cependant, comme ces gentilshommes, fut toujours aux heures du devoir à leurs côtés. Lorsque la bataille devenait plus ardente et le feu plus enragé, on les voyait au premier rang avec un sentiment de gaieté, de courage et de dévouement, qui excitait l'admiration et la reconnaissance de leurs compagnons d'armes.

Le sang-froid de notre hôte au feu, son attachement au devoir, son intrépidité et son courage avec tant de nobles et chevaleresques qualités lui avaient conquis nos cœurs comme ils nous avaient commandé le respect et la gratitude. Lorsque le moment arriva où l'on sut qu'il fallait rompre nos relations personnelles d'amitié, ce fut avec un profond regret qu'on le vit obligé, pour d'autres devoirs, de quitter notre service.

Mais il ne nous a pas oubliés. Aucun de nos compatriotes n'a consacré tant de soin ni d'étude, tant de sagacité, tant de patient travail, tant d'impartialité et de bonne foi dans une œuvre pareille à celle de notre hôte, l'histoire de cette guerre. Nous le reconnaissons aujourd'hui comme le premier de tous en ce genre.

Tous ces devoirs si galamment et si bien remplis, son chevaleresque et noble caractère, sa rectitude et son absolue dévotion à toutes les exigences du devoir, son unique recherche de la vraie dignité, nous ont rassemblés ici ce soir pour lui apporter nos hommages. Nous ajoutons ainsi un lien de plus, une page de plus à ces souvenirs traditionnels de l'amitié historique et reconnaissante qui unit les États-Unis et la France et les Fils de France qui ont apporté leur concours et leurs services à notre lutte et à notre pays.

Camarades, levez-vous ! buvez à l'homme intègre, au parfait soldat, au véridique historien, notre camarade, notre ami, le capitaine Louis-Philippe d'Orléans, NOTRE HOTE ! que Dieu le bénisse toujours !

Monseigneur le Comte de Paris, par un sentiment de courtoisie qui ne saurait étonner de sa part, répondit à ce toast par un discours prononcé en anglais dont voici la traduction.

Messieurs et chers anciens camarades,

En me retrouvant, au bout de vingt-huit ans, au milieu de mes anciens compagnons d'armes, ma pensée est un sentiment d'humble reconnaissance envers le Dieu tout-puissant qui tient nos vies entre ses mains et dont la bonté a bien voulu permettre qu'après un si long temps écoulé, vous vous trouviez réunis ce soir, en aussi grand nombre, pour me souhaiter la bienvenue. Bien des hivers ont semé leur neige sur nos têtes depuis que nous nous sommes vus pour la dernière fois, et il m'a semblé, en posant le pied sur ce rivage, que je ressemblais un peu à ce vieux Rip Van Wrinkle, dont la légende raconte qu'après avoir dormi cent années dans la montagne, il s'avisa un jour de descendre pour visiter son ancienne demeure.

Je doute, en effet, que durant ce sommeil de cent années votre pays ait été témoin d'aussi grands changements que durant ce dernier quart de siècle qui n'a mêlé à nos barbes et à nos cheveux que quelques fils d'argent. Mais combien y en a-t-il, hélas! parmi nos anciens camarades dont la mémoire est encore vivante dans notre cœur, et qui cependant ne sont plus là pour répondre à l'appel! Je n'entreprendrai pas de nommer tous ceux que j'ai connus autrefois et qui ont échangé les fatigues et les épreuves de ce monde contre le repos et la paix de la justice éternelle. Mais laissez-moi, cependant, payer le tribut de nos regrets aux plus éminents de ces guerriers disparus. Je citerai en première ligne le nom de mon illustre chef, le créateur de la grande armée du Potomac, le modèle achevé à la fois du soldat et de l'homme d'honneur, qu'amis et ennemis avaient appris à respecter également, le général Mac Clellan. Puis je rappellerai les noms du vieux Jumner, le Taureau des bois, de Mac Dowell, de Burnside, de Meade, de Sheridan, d'Hancock, de Hooke, et je terminerai par celui, illustre entre tous, de Grant, qui n'appartenait pas, à proprement parler, à l'armée du Potomac, mais que son heureuse étoile a appelé à en prendre le commandement à l'heure de la lutte décisive et du triomphe final.

Enfin, au nom de ces glorieux soldats, j'associerai celui du grand citoyen qui a été la plus illustre victime de votre guerre civile, qui est mort pour son pays, de la mort des martyrs: Abraham Lincoln. A cet hommage que je rends à sa mémoire, je ne puis m'empêcher de joindre le témoignage de ma reconnaissance personnelle pour le cordial accueil que mon frère et moi nous avons reçu de lui, car je me rappelle et me rappellerai toujours la bonne grâce avec laquelle, toutes les fois qu'il venait au quartier général discuter quelque plan de campagne, il trouvait le temps d'échanger avec les jeunes aides de camp de Mac Clellan quelques mots de conversation amicale.

Si je ne puis nommer tous ceux qui ne sont plus, à plus forte raison, Messieurs, m'est-il impossible d'exprimer comme je le voudrais à chacun de vous mes sentiments de sympathie et de reconnaissance pour l'accueil que vous m'avez fait. Mais je ne saurais mieux traduire ces sentiments qu'en adressant mes remerciements à mon ami le général Butterfield et à tous ceux qui ont été avec lui les organisateurs de cette réunion. C'est avec une égale gratitude que je salue ici la présence du vaillant commandant en chef de l'armée des États-Unis et de son illustre prédécesseur.

Parfois, Messieurs, il est arrivé que de grandes guerres n'ont pas engendré de grands généraux. Ce n'est pas le cas pour votre guerre civile, qui a donné à des hommes tels que Grant, Lee ou Johnston, l'occasion de déployer de grandes qualités militaires et qui a inscrit leurs noms dans le livre de l'histoire.

Mais il arrive parfois aussi que, dans une guerre, dont les conditions ont été d'une nature tout exceptionnelle, un seul homme devient, par son génie militaire et ses exploits, le représentant le plus accompli de la nouvelle génération d'officiers élevés à cette rude école. L'homme que les circonstances ont ainsi révélé, il est ce soir parmi nous : c'est le général Sherman.

Vingt-huit ans se sont déjà écoulés depuis le jour où j'abordais ici pour la première fois. Je vous apportais alors ma jeunesse, mon goût pour les aventures, et une épée qui n'était jamais sortie du fourreau. C'était à l'heure de vos difficultés les plus graves, et peut-être fallait-il alors un certain courage moral pour affirmer, à l'encontre des préjugés de l'Europe, une foi absolue dans le triomphe final de votre Constitution et de votre cause. Les nombreux témoignages de sympathie que j'ai reçus ont été pour moi la meilleure des récompenses et ont établi entre la nation américaine et ma famille les liens d'un attachement solide.

Laissez-moi vous rappeler que cet attachement tire son origine d'événements plus anciens, puisqu'il remonte aux premiers jours de votre existence comme nation indépendante. Le nom de Bourbon, qui se lit si souvent dans la carte de votre pays, montre la popularité que la Maison de France doit à l'aide si généreusement prêtée par elle, sous le règne de Louis XVI, à votre colonie émancipée. La génération qui vous a précédés n'avait pas oublié non plus comment mon grand-père, le Roi Louis-Philippe, après avoir été lui-même l'hôte de Washington (à Mount-Vernon), avait coutume de recevoir les Américains qui visitaient la France alors qu'il était sur le trône.

La sympathie que j'ai pu mériter à mon tour pour m'être enrôlé sous la bannière étoilée quelques semaines après la bataille de Bull-Run, je dois la partager avec mon oncle le prince de Joinville et avec mon frère le duc de Chartres, le légendaire Robert le Fort des tristes jours de 1870. Tous deux encore, grâce à Dieu, plein de vie et d'activité, mais retenus par d'impérieux devoirs, n'ont pu, malgré leur vif désir, m'accom-

LE COMTE DE PARIS VISITE LE CHAMP DE BATAILLE DE GETTYSBURG

Gal Greeg — Capne Kingsbury — Duc d'Uzès — Gal Gobin — Gal Wright — Gal Butterfield — Mis de Lasteyrie — Cte d'Haussonville — le Récamier — Capne Morhain — Gal Taylor.
Gal Newton — Gal Doubleday — Gal Sickles — Gal Slocum — Comte de Paris — Duc d'Orléans — Gal Howard — Cte de Parseval — Gal Smith.

pagner dans ce voyage ; ils m'ont chargé de vous apporter leurs souvenirs et leurs vœux.

Que pouvais-je, messieurs, vous apporter de plus en ce temps de paix et de prospérité ? Un livre ? En effet, quelques-uns d'entre vous peuvent le savoir, j'ai entrepris d'écrire avec impartialité une histoire générale de votre grande guerre civile et d'élever ainsi un monument à la mémoire des luttes héroïques où se sont mesurées les deux armées du Nord et du Sud. Mais mon œuvre n'est pas terminée, la vie errante d'un exilé n'est guère favorable à l'achèvement d'une si longue entreprise.

J'ai cru mieux faire et je crois que vous m'avez approuvé de vous amener mon fils. Je l'ai amené, parce que je suis fier de lui. Déjà, par un acte hardi, il a su montrer combien il aimait son pays et quel ardent désir l'animait de remplir ses devoirs de soldat. Il a pensé, comme moi, que rien ne pouvait être plus intéressant et plus instructif que de visiter votre belle et glorieuse contrée. Nous venons de suivre ensemble la trace des armées qui ont foulé le sol de la Virginie, du Maryland et de la Pensylvanie, et en même temps nous avons retrouvé, encore vivante, celle qu'ont laissée les vétérans de Rochambeau, alors qu'ils combattaient côte à côte avec les jeunes troupes de Washington et les volontaires de La Fayette.

Vous pouvez juger quels sentiments ont fait battre notre cœur chaque fois que nous avons visité ensemble quelque site illustré par les exploits de cette vieille armée française qui a marché pendant des siècles sous la conduite de mes ancêtres, dans les rangs de laquelle plus de quarante membres de la Maison de France ont trouvé la mort et qu'unissent toujours à ma famille, en dépit des efforts faits pour les rompre, des liens indestructibles.

Mais je n'ai pas borné ma visite à parcourir des champs de bataille. Que pouvait-il y avoir, en effet, de plus intéressant pour moi que la correspondance qui s'établissait à chaque instant dans mon esprit entre le spectacle dont j'avais été témoin autrefois et celui qui s'offrait aujourd'hui à mes yeux ? Lorsque je débarquais à New-York, il y a vingt-huit ans, une chose m'avait surtout frappé : c'était le mélange de tristesse et de résolution qui se lisait sur le visage de chacun. Chacun était triste, en effet, lorsqu'il voyait, non seulement la Constitution du pays foulée aux pieds, mais les citoyens d'une même nation, les soldats d'une même armée prêts à s'engager dans la plus grande guerre civile des temps modernes, et à tirer l'épée les uns contre les autres :

Pares aquilas et pila minantia pilis.

Mais si la tristesse était profonde, non moins ferme était la résolution de ne reculer devant aucun sacrifice et de prodiguer, s'il le fallait, l'or et le sang pour maintenir la Constitution et pour sauver l'Union, car nul ne voulait admettre la pensée qu'une seule étoile pût tomber de la bannière qui conduisait les soldats au combat et vers laquelle se tournaient les derniers regards des mourants. Je ne puis parler par expérience des sentiments qui régnaient dans le parti opposé ; je ne doute pas cependant qu'on y ait trouvé une semblable tristesse et une résolution semblable. Même parmi ceux qui s'étaient prononcés avec le plus d'énergie en faveur de la séparation et qui croyaient de leur droit et de leur devoir d'y travailler, je suis convaincu que personne ne pouvait attacher ses yeux, sans regrets, sur le vieux drapeau qui flottait au-dessus de la tête de Washington, lorsqu'il recevait à York-Town l'épée de Cornwallis, et lorsqu'il prêtait son premier serment comme Président des États-Unis. Mais que leur résolution fût inébranlable également, et cela d'autant plus que la rupture de l'Union leur avait été plus douloureuse, le souvenir et le nom même de Stonewall Jackson suffisent pour l'attester.

Ce sont ces sentiments de tristesse et de résolution qui ont préparé les voies à la grande réconciliation finale. Durant les épreuves de cette terrible lutte, les deux partis avaient appris à se respecter, je dirai plus, à s'admirer l'un l'autre. Aussi, lorsque la grande question qui était en suspens eut été décidée par le sort des batailles, le plus illustre représentant de la cause vaincue put-il serrer cordialement la main de son vainqueur sous le chêne historique d'Appomatox. Quelques semaines après, le plus grand des dangers qui pouvaient menacer votre pays avait disparu. Les armées puissantes qui s'étaient rassemblées comme les nuages noirs se rassemblent aux premiers éclats du tonnerre, s'étaient dissoutes d'elles-mêmes, comme ces flocons légers que le vent balaye lorsque la tempête est finie, et, depuis lors, vous avez goûté sans trouble les bienfaits de la concorde et de l'union. Combien solide est aujourd'hui cette union, j'en ai trouvé des preuves dans l'accueil qui m'a été fait à Richmond, et je me souviendrai toujours d'avoir visité avec d'anciens officiers de l'armée confédérée quelques-uns des champs de bataille où j'avais combattu autrefois contre eux.

Cette grande réconciliation a été l'œuvre de votre République, et votre République a pu l'accomplir parce qu'elle est essentiellement nationale. Je n'ai pas l'intention, comme vous le savez, de m'engager sur le terrain de la politique. Je ne puis cependant me défendre de rappeler qu'il y a trois cents ans, mon pays a connu aussi les horreurs d'une guerre civile sanglante et qui avait mis en péril son existence même. Mais il a vu ses plaies pansées et sa grandeur rétablie par la politique paternelle et sage d'un pouvoir assez fort pour rallier tous les Français autour de son drapeau, et ce pouvoir était fort parce qu'il était un gouvernement national. C'était la Monarchie du Roi Henri IV.

La Monarchie en France, comme la République en Amérique, est et demeure, en effet, malgré un siècle de révolutions, la forme de gouvernement vraiment nationale. C'est pourquoi, messieurs, vous qui êtes républicains, au sens le plus large et le plus noble du mot, vous devez cependant le comprendre, les sentiments de fidélité et de dévouement à la vieille Constitution américaine, qui font votre honneur, ne sauraient exister en France à l'égard de la République, qui est un gouvernement nouveau. Vous devez comprendre également qu'un grand nombre de Français demeurent fidèles aux traditions d'un passé glorieux et qu'ils considèrent comme un devoir patriotique de consacrer toute leur intelligence et toute leur énergie à préparer, par les moyens légaux, le retour de la Monarchie.

Pour en revenir aux sujets qui vous concernent plus particulièrement, vous vous attendez sans doute, messieurs, à apprendre de ma bouche ce qui m'a le plus frappé dans un pays où les changements et les progrès qu'amène la civilisation sont l'œuvre, non pas des siècles, mais des années et presque des mois.

J'ai passé si peu de temps parmi vous que c'est à peine si j'ai pu me rendre compte de vos merveilleuses découvertes dans l'ordre des sciences et de l'application que vous en savez faire au bien-être de l'humanité. Il ne m'a pas été non plus possible de mesurer vos progrès si rapides dans la voie de la production industrielle et agricole. Mais il y a une chose que je puis vous dire, c'est que, dans notre vieille Europe, où chaque pays paye au prix de lourdes charges financières ses gloires anciennes ou récentes, nous n'assistons pas sans étonnement aux discussions qui s'élèvent entre vous sur le meilleur emploi à faire de l'excédent de vos revenus. Ces discussions nous font connaître un sentiment analogue à celui que devait éprouver Aladin lorsqu'il se trouvait en présence des trésors renfermés dans la caverne merveilleuse.

J'emprunterai encore, si vous le permettez, une comparaison aux *Mille et une Nuits*. Vous vous rappelez l'histoire de ce pêcheur qui, ayant trouvé une bouteille dans son filet, l'ouvrit imprudemment et en fit sortir un génie. Mais le génie devint bientôt si grand qu'il ne voulut plus rentrer dans la bouteille, qu'il se mit à parler d'une voix quelque peu menaçante. Eh bien ! la France, qui a si puissamment contribué à votre émancipation, vous contemple un peu comme le pêcheur devait contempler le génie. Mais soyez assurés que nous n'avons aucune envie de vous faire rentrer dans la bouteille, car si nous admirons vos progrès, nous les voyons sans jalousie. Je ne veux pas m'aventurer sur le terrain brûlant de l'économie politique, mais je tiens à exprimer ici l'espoir sincère que deux pays qui n'ont jamais tiré l'épée l'un contre l'autre ne se trouveront pas engagés dans une guerre d'une autre nature qui pourrait, à la longue, coûter cher à chacun d'eux. J'ajouterai que je ne puis m'asseoir à vos tables hospitalières ni admirer comme je le fais souvent l'élégance des toilettes qui ajoutent encore à la grâce de vos femmes et de vos filles, sans me dire tout bas que vous ne prendriez peut-être pas facilement votre parti de vous passer de nos vins français et de nos soies françaises.

A un autre point de vue, ce qui m'a le plus frappé dans votre pays, c'est la puissante et salutaire influence qu'a exercée sur le développement moral et matériel de la nation une liberté essentielle, malheureusement trop peu pratiquée et trop peu respectée ailleurs, je veux dire la liberté d'association. En effet, l'association réunit dans un effort commun les forces individuelles qui, trop souvent, sont éparses dans les sociétés démocratiques, et en même temps elle contribue, sur leur sol toujours mouvant, à conserver la tradition.

C'est par la liberté d'association que vous vous efforcez de résoudre le grand problème des rapports entre le capital et le travail. Pour être différentes, les difficultés que ce problème soulève ne sont pas moins grandes des deux côtés de l'Atlantique, et l'expérience d'une nation peut être utile à l'autre. Vous avez, messieurs, une foi robuste dans l'avenir de votre pays. Vous avez raison, car la foi dans l'avenir est une des conditions du succès. Je me souviens que, durant les épreuves de la guerre civile, mes camarades avaient coutume de citer souvent devant moi un dicton qui vous est familier : « Il y a un Dieu

pour les enfants, pour les ivrognes et pour les Etats-Unis »
Peut-être y a-t-il dans ce dicton une part de vérité, mais en ce
sens seulement que la Providence réserve avec justice ses fa-
veurs pour les nations où le nom de Dieu est respecté, où les
principes du christianisme sont considérés comme étant la
base de l'édifice social, où la foi en la vie future et la miséri-
corde du divin Juge sont considérées comme absolument nécessaires pour réconcilier l'homme avec les misères de sa con-
dition et en particulier avec les souffrances inséparables des
inégalités sociales. Cette foi et ces principes sont les vôtres.
Vous vous les transmettez de génération en génération. Ils
sont la pierre angulaire de votre système d'éducation nationale.
N'agissaient-ils pas, en effet, sous l'inspiration des sentiments
chrétiens les plus élevés, ces jeunes gens qui sont venus, des
Etats du Nord ou de ceux du Sud, pour combattre et mourir en
volontaires sous le drapeau de la cause qui leur avait semblé
la plus juste ?

Avant de nous séparer, que nos pensées se tournent donc
pieusement vers ces nobles victimes du patriotisme et du dévouement. Unissons-nous, si vous le voulez bien, pour payer
ensemble un tribut d'hommages et de regrets aux soldats et
aux officiers de l'armée fédérale ou de l'armée confédérée qui
ont trouvé la mort sur les champs de bataille ; mais félicitons-
nous en même temps de cette réconciliation glorieuse qui a
réuni, dans un sentiment d'amour commun pour la patrie re-
constituée, les survivants de cette terrible guerre. Personne ne
se réjouit plus que moi de cette réconciliation, et c'est pourquoi, messieurs, comme compagnon de vos luttes d'autrefois,
comme témoin de votre prospérité d'aujourd'hui, comme Français, comme représentant de cette vieille race royale qui a
soutenu les premiers pas de votre jeune République, je vous
demande la permission de boire à l'amitié et à la prospérité
durable des Etats-Unis et de la France.

Après ce grand discours, d'un ton si fier, d'une doctrine politique si
haute et si indiscutable, animé d'un sentiment si généreux d'amour
pour la France et de juste sympathie pour l'Amérique; après les
applaudissements et les hurrahs mérités qui l'avaient accueilli, le
général Butterfield offrit au Prince, au nom de tous ses anciens camarades, un exemplaire richement relié des « Annales de l'armée du
Potomac », et le général Slocum, l'un des anciens commandants de
corps d'armée, lui présenta dans un écrin les insignes en diamants de
l'association, une petite croix qui a autant de branches qu'il y avait de

corps d'armée. Nous nous reprocherions de ne pas citer ses dernières paroles imprégnées des plus nobles accents de sincérité et de respect.

Nous vous prions d'accepter cet insigne comme le témoignage de notre haute estime pour vous comme soldat et en reconnaissance de ce qui vous est dû pour votre grand ouvrage comme à l'auteur de ce qui est considéré comme la meilleure et la plus véridique histoire de notre grande guerre civile.

Juste appréciation d'un journal républicain français.
Adieux de Monseigneur le Comte de Paris au peuple américain.

Après s'être rendu compte de manifestations si spontanées et par cela même si touchantes, il convient de citer l'appréciation très juste qu'en a donnée un journal français républicain, où les traditions d'équité et de bonne compagnie ne se sont pas oblitérées, la *Liberté.*

Les dépêches de New-York abondent en détails sur la cordiale réception qui a été faite au Comte de Paris sur le territoire américain, réception à laquelle le président Harrison s'est associé par des compliments affectueux. Quoique proscrit, le Comte de Paris est un Français; c'est le représentant de l'ancienne Maison royale de France, la plus illustre du monde, et il faudrait avoir l'esprit bien mal fait pour prendre en mauvaise part les hommages qui lui sont rendus, surtout quand ces manifestations visent non pas le prétendant dont il ne saurait être question, mais le seul Prince européen qui, dans une occasion où toute l'Europe libérale considérait la cause des États du Nord comme celle de la civilisation, ait traversé l'Océan pour mettre son épée au service de ces États du Nord et de la civilisation.

Avant de partir le 21 pour le Canada, Mgr le Comte de Paris adressa au président des États-Unis un télégramme qui se terminait en ces termes :

Je pars le cœur plein de reconnaissance pour la réception que j'ai reçue partout où j'ai été, et je vous offre mes vœux sincères pour la prospérité du grand peuple que vous représentez.

AU CANADA

Le 21 octobre, à dix heures du matin, les Princes quittaient New-York et prenaient un train qui devait les conduire le soir même aux chutes du Niagara. Ils les visitèrent le lendemain. Là ils rencontrèrent un jeune Français, M. La Chambre, fils de l'honorable député de

Saint-Malo, qui venait du Canada les rejoindre et ne devait plus quitter leur suite avant le retour en Europe.

Il leur apportait déjà l'annonce de la chaleureuse réception qui les attendait, car il lui avait suffi à lui-même dans ce pays, où la force des traditions est demeurée si vivace, d'être par sa naissance le compatriote de Jacques Cartier pour voir venir à lui toutes les confiances.

Le 23, on se rendit en chemin de fer à Kingston, où l'on arrivait à minuit, et le lendemain on s'embarquait sur le Saint-Laurent pour descendre à Brockville, après avoir traversé les sites merveilleux des Mille Iles.

Les réceptions canadiennes. — A Brockville.

Là devaient commencer sur la terre canadienne les réceptions préparées avec tant d'amour et tant de soins depuis plusieurs semaines par des comités où pour la première fois depuis longtemps toutes les divergences et toutes les rivalités politiques s'étaient effacées pour faire place à un sentiment unique, celui d'une occasion sans pareille de rendre, en la personne de l'auguste héritier de la Monarchie, un hommage incomparable à la vieille France, à la mère-patrie du Canada.

Les Canadiens français, ainsi ils se nomment et veulent être nommés, sont une race fière, indépendante et tenace, qui sait travailler, vouloir et se souvenir. Nous en trouverions facilement des preuves dans les devises mêmes qu'arborent en sous-titre quelques-uns des journaux rédigés et publiés en français. Nous n'en voulons citer que trois, et des plus significatives; celle du *Canadien* : Nos INSTITUTIONS, NOTRE LANGUE ET NOS LOIS ; celle du *Courrier du Canada* : JE CROIS, J'ESPÈRE ET J'AIME ; celle de *la Justice* (elle n'a rien de commun avec celle de MM. Clémenceau et Pelletan) : DIEU ET MON DROIT.

Parmi ces hommes qui parlent encore la vieille langue de nos pères, qui appellent un wagon, par exemple, un char, qui bercent leurs enfants en leur chantant les vieilles chansons du siècle dernier, dont la plupart indiquent encore comme leur lieu d'origine la ville ou le village d'où sont partis leurs ancêtres, Mgr le Comte de Paris et Mgr le duc d'Orléans apparaissaient tout à coup comme la plus auguste personnification d'un passé glorieux et inoubliable.

Aux États-Unis, c'était le soldat, c'était l'historien, c'était l'homme de cœur et de talent qu'on avait fêté autant que le chef de la Maison Capétienne. Ici c'était un élan irrésistible de toutes les bonnes volontés et de tous les enthousiasmes généreux vers celui qui seul a le droit de porter les trois fleurs de lys d'or sur champ d'azur: ces fleurs de lys que le journal *l'Etendard* arbore encore avec fierté à droite de la Croix, avant la bannière du Sacré-Cœur, en les encadrant des drapeaux canadiens actuels.

Quelle joie ce fut pour nos augustes exilés de se croire un instant non pas seulement dans la France, dont les indignes exploiteurs les ont proscrits, mais dans celle que leurs ancêtres avaient faite si heureuse dans le calme et laborieux développement de sa prospérité!

A leur arrivée à Brockville, les Princes sont reçus par la délégation qu'un train spécial a amenée de Montréal et qui se compose de MM. le maire Grenier, l'honorable juge Loranger, président du comité de réception, l'honorable colonel Oulmet, orateur de la Chambre des Communes, Alphonse Desjardins, membre du parlement, le Dr E. P. Lachapelle, l'honorable Thibaudeau, schérif, l'honorable Louis Beaubien, l'honorable juge Davidson, l'échevin Clendinning.

A la bienvenue souhaitée par le maire de Montréal, Mgr le Comte de Paris a répondu en ces termes :

Je suis très heureux, Monsieur le Maire, de l'accueil que je reçois aujourd'hui et des sympathies que vous me manifestez au Canada; il me semble que je suis dans mon pays, au milieu des Français, et c'est une grande joie pour moi de constater que vos sentiments sont en tout semblables aux miens qui se résument par ces mots, que je dis du plus profond de mon cœur : Vive la France ! Vive le Canada !

La réception terminée, le Prince, sa suite et la délégation, suivis de presque tous les habitants de Brockville, qui leur faisaient cortège, se sont rendus à la gare, où un wagon-salon tout neuf était préparé.

A Montréal.

Nous empruntons au journal le *Canadien* le récit de l'arrivée à Montréal.

Dès sept heures et demie, vendredi soir, une foule énorme envahissait la gare Bonaventure et la place environnante pour assister à l'arrivée de Mgr le Comte de Paris. Vers neuf heures, le train entrait en gare et le Comte faisait son apparition sur la plate-forme, précédé par le juge Jetté.

Des bravos et des acclamations éclatèrent de toutes parts et se prolongèrent sur le passage des illustres visiteurs, conduits entre deux haies de spectateurs enthousiastes. La foule remplissait les airs de ses hourrahs.

Lorsque le Comte apparut sur le seuil de la porte, la foule d'une poussée que rien n'aurait pu enrayer se rua en avant. Il ne restait plus que vingt pieds à franchir pour atteindre les voitures stationnées à la porte depuis huit heures; mais là devaient commencer les embarras du comité de réception et de la police.

Le Comte de Paris, son fils, M. le juge Jetté, M. Perreault, M. Rolland et les autres membres du comité se trouvèrent violemment séparés les uns des autres, repoussés qui dans un sens, qui dans l'autre, par un flot humain, que la police était impuissante à contenir davantage.

La police a eu beaucoup de difficulté à réprimer l'envahissement de la foule qui se composait de pas moins de 20,000 personnes.

Un incident s'est produit, qui a fort égayé les quelques personnes qui en ont eu connaissance. Dans la confusion, pendant que la police faisait des prodiges de force et d'adresse pour frayer un passage au Comte de Paris, un constable empoigna le duc d'Orléans et lui donna une rude

poussée. Fort heureusement un membre du comité survint à ce moment
et dit au policeman : « C'est le Duc. » L'homme de police s'excusa et se
remit à jouer des coudes plus ferme que jamais.

Quand les voitures se furent mises en marche, la foule parmi laquelle
on remarquait environ 400 étudiants, la foule était sous le coup d'un enthousiasme extraordinaire et demandait à grands cris de voir le distingué
visiteur. Les voitures arrivèrent enfin à l'hôtel Windsor.

Comme le Comte pénétrait dans l'hôtel, il fut arrêté par le chef de police
Hughes, qui lui expliqua que les étudiants et la multitude réunis en face
de l'hôtel désiraient le voir un instant sur le balcon. Le spectacle était
devenu émouvant. Le Comte se prêta de bonne grâce, bien qu'avec une
réserve évidente, au désir du peuple. Il revint sur ses pas et se présenta
sur le balcon. De nouveau, les vivats et les hourrahs ébranlèrent l'atmo-
sphère. Le Comte salua à cinq ou six reprises. Il paraissait ému. Les
applaudissements, les hourrahs ne cessèrent que lorsqu'il eut disparu de
nouveau dans l'hôtel.

Puis commencèrent les présentations dans le salon des appartements
du Comte. Une centaine de citoyens furent présentés au Comte et à son
fils par M. le maire Grenier et M. le shérif Thibaudeau.

Le samedi 25, la première visite des princes fut pour l'archevêché :
Mgr Fabre étant à Rome, c'est M. l'abbé Maréchal, grand vicaire qui
les a reçus.

De là ils se sont rendus au collège Sainte-Marie, où les cadets en
armes formaient la haie sur leur passage, et où le Recteur, le R. P.
Drummond, lut à Mgr le Comte de Paris l'adresse qui suit :

Monseigneur,

Comme Canadiens et comme frères des apôtres martyrs de la Nouvelle-
France, nous sommes heureux de saluer en votre personne l'auguste
descendant de ces Rois qui ont tant fait pour notre cher Canada et en
particulier pour les missionnaires de notre Compagnie.

Votre royale famille a toujours compris qu'on ne saurait fonder un
Etat stable et prospère sans lui donner pour base la religion. Les consé-
quences de ce principe si fécond, vous les voyez, Monseigneur, autour de
vous. La petite colonie, à travers mille vicissitudes, a grandi dans le
loyal service d'un drapeau étranger au vôtre, mais ami de votre lignée ;
et aujourd'hui vous vous trouvez au milieu d'un peuple qui, tout en se
proclamant nation distincte, reste ce que vos ancêtres l'ont fait, français
d'esprit et de cœur, et catholique avant tout.

Voilà pourquoi, Monseigneur, votre arrivée parmi nous revêt le caractère d'une réjouissance publique. Nos enfants, leurs parents et leurs
maîtres vous doivent, à vous et aux vôtres, ce tribut de joie, que la reconnaissance prélève chez les âmes bien nées. Dans vos nobles qualités,
Monseigneur, dans vos traits mêmes, ils ont reconnu le digne héritier de
ces Rois qui ont si longtemps fait la joie de l'Église et l'ineffaçable gloire
de la France.

Les élèves présentèrent ensuite au Prince un compliment en vers et
des bouquets ; ils en furent récompensés par l'annonce d'un congé

Après avoir visité l'université Mac Gill, qui est l'université protestante du Canada, le collège de Montréal et le Grand Séminaire, les Princes se rendirent au couvent de Villa-Maria, où toutes les religieuses et les élèves les accueillirent au son des harpes et en chantant des chœurs.

. Un lunch avait été préparé; partout des adresses que le Prince conserve précieusement lui étaient remises.

Les Princes infatigables dans leurs courses se rendirent encore au Haras National dirigé avec beaucoup de compétence par un ancien député, l'honorable M. Beaubien. Avant d'aller assister au grand banquet qui lui était offert à l'hôtel Windsor, le Comte de Paris reçut les officiers de la Société des Antiquaires ayant à leur tête leur président, l'honorable juge Baby, grand'croix de Saint-Grégoire-le-Grand, qui lui présentèrent l'adresse suivante :

Monseigneur,

Qu'il soit permis à la Société des Antiquaires de Montréal de venir en ce moment vous souhaiter la bienvenue sur le sol du Canada.

Les membres de cette Société ne peuvent pas rester indifférents à votre passage en cette ville. Sans cesse occupés, comme ils le sont, dans leurs constantes recherches, à interroger l'histoire, à faire revivre les nombres du passé et à évoquer ces temps déjà reculés où la France et le Canada, unis par le sang, ne faisaient qu'une nation, ils ont mainte et mainte fois vu passer devant leurs yeux, avec les documents et les pièces que leur patience a tirés de la poussière de l'oubli, le nom illustre que vous portez si noblement; ils ont appris à le respecter; et, l'occasion s'offrant aujourd'hui si belle, il leur est agréable de venir lui payer, en votre personne, un témoignage d'admiration et de profonde estime.

Ce qu'ils saluent en vous, Monseigneur, ce n'est pas seulement le noble sang de France que vous n'avez pas fait mentir, ce n'est pas seulement la glorieuse personnification de cet esprit chrétien et chevaleresque que vous avez reçu de vos ancêtres, et qui a protégé le berceau de notre colonie naissante, c'est encore le principal représentant d'un passé qui est notre gloire; c'est encore l'homme supérieur et distingué dont les qualités éminentes honorent la France; c'est enfin le savant illustre que nous sommes si heureux et si fiers de compter parmi nos collègues dans la phalange de ces travailleurs qui se dévouent ou pour la science ou pour les lettres.

Soyez donc le bienvenu, Monseigneur, sur cette terre toute imprégnée des souvenirs de votre race; sur cette terre, que vos ancêtres ont peuplée et fertilisée au prix de tant de sacrifices, et dans les entrailles de laquelle nous retrouvons tant de traces de leurs luttes fécondes et de leurs glorieux travaux. Soyez-y le bienvenu, car vous y êtes chez vous au milieu de frères par le cœur et le sang, et que le souvenir de cet accueil que nous tâchons de vous faire le plus cordial possible, demeure en vous comme un hommage rendu, en votre personne, à ceux qui furent nos ancêtres, nos apôtres et nos martyrs.

Le Prince très touché de l'expression de sentiments si élevés, remercia vivement les officiers de la Société des Antiquaires et s'entretint avec chacun d'eux de leurs travaux personnels sur l'histoire du Canada. Un incident assez touchant termina cette réception.

M. de Léry Macdonald s'avança vers Monseigneur, et lui présentant le projet de l'adresse, le pria de vouloir bien apposer quelques mots au bas du parchemin, disant qu'il désirait le conserver comme une relique précieuse. Sa demande fut accordée avec grâce, et le Prince inscrivit au bas de l'adresse ce, mots :

C'est avec le plus grand plaisir que j'ai reçu cette adresse, aujourd'hui, 25 octobre 1890.

PHILIPPE, COMTE DE PARIS.

L'honorable juge Jetté présidait le banquet et tout ce que Montréal compte de plus considérable était présent.

Vers neuf heures du soir, près de deux cents dames en toilettes élégantes firent leur entrée dans la salle et se rangèrent pour entendre les toasts. Le premier fut naturellement porté par le président à la Reine d'Angleterre et suivi du chant du *God save the Queen*. Puis l'honorable juge porta la santé de Mgr le Comte de Paris, en des termes qui méritent d'être reproduits et qui en diront plus à nos lecteurs que ne pourrait faire aucun commentaire.

Monseigneur,

Vous avez bien voulu profiter du rapide voyage que vous faites en Amérique pour venir visiter ce pays du Canada, peuplé à l'origine par ces nobles et robustes colons français dont nous sommes si fiers d'être les descendants. Permettez-moi, au nom de tous ceux qui ont l'honneur de s'asseoir à ce banquet, de vous remercier de cette visite et de vous dire combien nous vous en sommes reconnaissants.

La France, Monseigneur, n'a laissé nulle part une empreinte plus profonde que sur ce sol. Ses institutions, ses lois, ses traditions avaient façonné cette colonie à l'image de la mère-patrie, et lorsque les malheurs de la guerre nous séparèrent d'elle, il s'est trouvé que le petit peuple qui changeait ainsi d'allégeance, était si fortement trempé, si uni, si homogène, que depuis plus d'un siècle les vicissitudes d'une carrière exceptionnellement difficile n'ont pu ni l'entamer, ni l'amoindrir, n'ont pu même ralentir son merveilleux développement.

Cette France, Monseigneur, qui nous avait donné tant de vigueur et de sève, c'était celle que cette longue suite de Rois, vos ancêtres, avait faite si grande et si glorieuse.

La séparation accomplie, le drapeau de la France repassa les mers, et pendant un siècle, l'immensité de l'Océan éteignit tous les bruits que notre oreille attentive aurait cependant voulu saisir.

Cet isolement nous fut d'autant plus pénible que les nouveaux gouvernants n'avaient pas encore appris à nous connaître. Aussi les premiers temps du nouveau régime furent-ils difficiles; mais peu à peu la loyauté de nos intentions, la franchise de notre caractère, notre esprit de soumission aux lois, firent tomber les préventions qui existaient contre nous. Il y a 50 ans, nous luttions les armes à la main pour la conquête de quelques-unes de ces libertés nécessaires à la vie et au progrès des peuples : aujourd'hui l'Angleterre nous concède sans hésitation toutes celles qui sont compatibles avec notre situation politique, et nous pouvons dire avec orgueil qu'il n'y a peut-être pas un pays au monde où la véritable liberté soit mieux comprise et mieux pratiquée.

Ce sera la gloire de ces hommes éminents, qui présidaient aux destinées de l'Amérique britannique, d'avoir si bien compris qu'il était de bonne et sage politique de permettre et d'encourager le développement, à l'ombre du drapeau anglais, de ce peuple qui tient tant à rester fidèle aux traditions de ses ancêtres.

Aussi sommes-nous restés bien Français, et je me rappelle que le jour où, après un siècle de séparation, le drapeau de la France reparut sur les eaux de notre grand fleuve, ce fut d'une extrémité de la province à l'autre, comme un tressaillement d'allégresse, et le paysan canadien, l'habitant comme nous disons ici, exprimant dans son langage simple, mais vrai, la pensée de tous, en revoyant ces marins que pourtant il n'avait jamais vus, s'écriait : « Oui ! je me souviens, ce sont nos gens ! »

Monseigneur, toute l'histoire de la race française sur ce sol d'Amérique est résumée dans ces quelques mots.

Depuis plus d'un siècle, nous avons pieusement entretenu dans nos cœurs le feu sacré de cet ardent amour pour la France, et chaque fois qu'un grand Français daigne venir jusqu'à nous, un seul mot suffit pour exprimer ce que nous ressentons, le mot de notre devise, et ce mot, Prince, nous le disons ce soir, comme toujours, avec sincérité, croyez-le « Je me souviens. »

Messieurs,

J'ai l'honneur de vous proposer de boire à la santé de notre hôte, Monseigneur le Comte de Paris.

Des acclamations unanimes s'élevèrent, et quand Mgr le Comte de de Paris voulut répondre, une véritable ovation salua ses premières paroles. Le Prince prononça en français le discours suivant :

Messieurs,

C'est avec une vive émotion que je vous remercie de l'accueil cordial que vous avez bien voulu me faire, vous qui, par votre énergie, par celle de vos ancêtres, avez ici fondé un pays français non seulement par la langue, mais aussi par ses mœurs et par sa religion.

Vous ne sauriez croire combien il est doux à l'exilé d'entendre parler sa langue maternelle par toutes les bouches, comme dans son propre pays.

Mais quelque fort que soit ce sentiment, il n'est que peu de chose à côté de l'intérêt puissant qu'il y a pour des Français, qui ont à cœur l'avenir de leur pays, à parcourir les bords du

Saint-Laurent. Après l. s tristes jours de leur séparation d'avec leurs compatriotes, il es. consolant de songer à ce qu'a pu faire un petit groupe isolé de Français, abandonné sur ce continent, et de voir quelle forte nation il est devenu.

Ainsi on peut voir que l'exil ne sépare pas nécessairement de la mère-patrie, et il serait profitable à quelques-uns de ceux qui craignent pour l'avenir de notre race, de venir parmi vous et do contempler votre vitalité.

En observant sur les lieux le rapide développement du peuple canadien-français, en admirant sa puissance de reproduction et d'expansion, il n'est que juste de dire : Non! notre race n'a pas encore été atteinte par une faiblesse incurable. Si la population de la France n'augmente pas, ce n'est qu'un accident et, il nous est permis de l'espérer, une conséquence passagère des lois et des mœurs. Comment les lois et les mœurs du Canada diffèrent-elles de celles de France? Vous le savez aussi bien que moi. Les nécessités de la défense nationale n'obligent pas d'enrôler la jeunesse de votre nation. Votre législation testamentaire laisse au père de famille la liberté voulue et ne lui inspire pas les sentiments dont on voit ailleurs les effets désastreux.

Vos enfants reçoivent une éducation religieuse qui, avant de leur montrer quels sont leurs droits, leur apprend leurs devoirs envers l'État et envers la famille. Vous êtes, et vous vous en glorifiez, un peuple chrétien et catholique. Soutenus et encouragés par un clergé patriotique, vous avez, grâce à de sages conseils et à d'énergiques résolutions, atteint l'état heureux dans lequel vous vous trouvez aujourd'hui sous le gouvernement d'une Reine qui est une des plus grandes figures de notre siècle et à qui vous avez raison d'adresser l'hommage de votre fidélité.

Il vous a été confié, messieurs, une tâche glorieuse, celle de soutenir dans le nouveau monde l'honneur du nom français, de perpétuer notre langue, notre caractère et nos traditions.

Continuant alors en anglais, par courtoisie pour un certain nombre des convives, le Prince termina en ces termes :

Messieurs de race britannique, — Après avoir adressé la parole à vos compatriotes dans notre commune langue maternelle, il me fait plaisir de vous remercier en vous priant, en anglais, de boire avec moi, " A la prospérité du Canada."

A ce toast accueilli avec une émotion et un entrain sans exemple, répondirent en anglais Sir Francis Johnston, juge en chef de la cour supérieure, et l'honorable M. Chaplain, secrétaire d'État, l'un des ministres de la confédération et l'un des plus éminents parmi les Canadiens français.

Des bouquets ayant été offerts aux Princes, M⁧ᵉ le duc d'Orléans porta l'enthousiasme à son comble en buvant à la santé des dames, et la fête se termina par un toast que M. L.-O. David a porté à la France, « à la France, a-t-il dit au milieu de frénétiques applaudissements, de « Celui qui est assis à la gauche du président et qui a préféré à la « terre de l'exil la prison en France, c'était encore la patrie ! »

Le dimanche 26, le président général de la Société de Saint-Jean-Baptiste, M. L.-O. David, l'honorable juge Baby et les autres officiers de la Société sont venus chercher les Princes à leur hôtel pour les conduire dans le grand salon de Saint-Lawrence-Hall, où une adresse des plus touchantes provoqua de la part de M⁧ʳ le Comte de Paris une réponse pleine de cordialité et d'encouragement; puis le cortège se forma pour se rendre à la grand'messe célébrée à la cathédrale par M⁧ʳ Moreau, évêque de Saint-Hyacinthe. On avait peine à fendre la foule. Plus de quinze mille personnes se pressaient dans la basilique éclairée par deux cent soixante-quinze lampes électriques.

Reconduits à leur hôtel en cortège au milieu d'incessantes acclamations, les Princes, avant de quitter Montréal pour se rendre en chemin de fer aux Trois-Rivières, reçurent une députation des zouaves pontificaux du district. A leur adresse M⁧ʳ le Comte de Paris répondit :

Messieurs,

Je remercie les anciens zouaves pontificaux de Montréal d'être venus me souhaiter la bienvenue, et en m'adressant à eux je m'adresse à tous ceux de leurs camarades que j'aurai le plaisir de recevoir dans les autres cités canadiennes. Je les félicite d'appartenir à ce corps qui s'est formé dans une heure critique pour la défense d'une cause dont la faiblesse matérielle rehaussait la grandeur morale. L'union Allet porte le nom d'un vaillant soldat, Français par ses traditions militaires, dont les ancêtres, toujours fidèles au Roi et à la France, avaient versé leur sang au service des miens. Aujourd'hui, le nom de Charette personnifie cette association qui a rajeuni sous une forme moderne les plus nobles traditions du passé. Celui pour qui on a fait si justement revivre le titre de chevalier sans peur et sans reproche a été l'infatigable ouvrier de cette généreuse entreprise au milieu des circonstances les plus difficiles; je suis heureux de son amitié, et son souvenir est présent au cœur de tous ceux qui, comme nous, le connaissent et le chérissent. Le lien qui vous unit s'élève au-dessus des nationalités sans en effacer les différences.

C'est en effet, le grand caractère de votre organisation d'être universelle, comme l'Église elle-même, sans être pour cela internationale ou cosmopolite, comme les dangereuses associations qui s'étendent dans le monde entier pour saper les fondations de la société. Vous ne leur ressemblez pas, parce que vous conservez précieusement ce dévouement à la patrie qui est, après la foi religieuse, le plus noble sentiment placé par Dieu dans le cœur de l'homme. C'est ce sentiment qui, à l'heure du péril national, a réuni tous vos camarades français dans un effort héroïque digne des plus glorieuses époques de notre histoire. C'est lui qui inspire la fidélité et le loyalisme dont vous êtes si justement fiers. Vous avez compris que pour demeurer dignes de votre renom, il fallait avoir recours au principe de l'association volontaire, principe toujours fécond, bien qu'il soit aussi vieux que le monde. Votre rôle est de grouper les forces de tous ceux qui ne séparent pas le progrès moderne du respect du passé et des principes sur lesquels le christianisme a assis les sociétés.

Vous êtes, chacun dans votre pays, des champions dévoués de la religion, de l'ordre social, de la vraie liberté qui protège les faibles contre l'oppression du nombre. C'est à ce titre que je vous salue et que je vous remercie du témoignage de sympathie que vous m'apportez. Ce témoignage sera un des plus précieux souvenirs de ma visite.

M⁛ le duc d'Orléans avait été prié par le général de Charette de vouloir bien donner lecture aux zouaves pontificaux d'une lettre qui contenait une communication intéressante pour le Régiment. Après cette lecture, M⁛ le duc d'Orléans a ajouté :

Je suis heureux, Messieurs, d'avoir eu à vous faire cette communication. Le nom des zouaves de Charette est cher à tous les Français, car ils n'ont pas seulement combattu pour le Saint-Père, ils ont combattu pour la France. Je leur envie ce glorieux souvenir, moi qui désirais si ardemment servir mon pays. J'aurais tant voulu être zouave !

Aux Trois-Rivières.

Pour donner une idée de l'accueil qui était réservé aux héritiers de la Monarchie française par ces petits-fils de Français, nous ne saurions mieux faire que de reproduire en réduisant le format et les caractères le programme qui avait été distribué et encarté dans le *Journal des Trois-Rivières.*

Monseigneur le Comte de Paris
AUX TROIS-RIVIÈRES

PROGRAMME :

<table>
<tr><td>

Dimanche Soir
(Réception officielle.)

ARRIVÉE DU TRAIN PRINCIER
A 7 HEURES.
FORMATION DU CORTÈGE.
RETRAITE AUX FLAMBEAUX.
ASSEMBLÉE AU PLATON.
PRÉSENTATION DES ADRESSES.

</td><td>

LUNDI
(RÉCEPTIONS PRIVÉES.)

AU PALAIS ÉPISCOPAL
AU SÉMINAIRE.
AU MONASTÈRE DES URSULINES.
A L'HOPITAL.

</td></tr>
</table>

ORDRE DU CORTÈGE

RÉUNION A 6 HEURES P. M. DEVANT LE DÉPOT DU C. P. R.

Le cortége quittera la gare dès que les Princes seront en voiture. Il passera par les rues suivantes : Champflour, Sainte-Marie et Bonaventure et se massera au Carré La Violette. Les divers groupes marcheront ainsi qu'il suit :

1°

CLUB CRISPIN, SOCIÉTÉ PHILHARMONIQUE, MANUFACTURE SMARDON.

2°

ÉCOLE DES FRÈRES.

3°

SOCIÉTÉ DES ARTISANS, DÉPUTATION DES USINES CHANTELOUP DE MONTRÉAL.

4°

PETIT SÉMINAIRE ET LA FANFARE.

5°

DÉPUTATION OUVRIÈRE :
Messieurs BELLEFEUILLE, REMILLARD, TROTTIER, LYMBURNER,
et tous les ouvriers en fer et en bois.

6°

DÉPUTATION BELGE ET USINES DE LA Cⁱᵉ DES CONDUITES D'EAU.

7°

CLUB SAINT-JEAN-BAPTISTE.

8°

Députation des Villes, et Villages et Paroisses, de Nicolet, Yamachiche, Sainte-Angèle, Bécancourt, Louiseville, Saint-Étienne, Pointe-du-Lac, Saint-Maurice, Saint-Grégoire, Cap de la Magdeleine, Chawenegan, Sainte-Anne, Champlain, Batiscan, Saint-Léonard, etc., etc.

9°

UNION MUSICALE.

10°

COMITÉ GÉNÉRAL DE RÉCEPTION. — VOITURES DES PRINCES.
CLUB SAINT-MAURICE

AVIS

Les membres des divers groupes du cortège sont instamment priés de se mettre aux places désignées par les plaques indicatrices qui seront portées par les délégués.

Banquet offert au Comte de Paris par les anciens officiers de l'armée du Potomac, a New York le 20 octobre 1890

Au moment, dit le journal local, où le Comte de Paris fit son apparition avec son fils le Duc d'Orléans et sa suite, le canon se fit entendre, une immense acclamation retentit dans les airs, et les corps de musique sonnèrent avec éclat la fanfare *Au Drapeau*. Le temps était calme et beau; la lune, sortant de l'horizon tout en face de la gare et se dégageant des nuages légers qui la couvraient, paraissait vouloir se mêler à la fête pour en rehausser l'éclat. M. le maire de la ville, accompagné de son conseil et du comité de réception, s'avança vers Leurs Altesses Royales, leur souhaitant la bienvenue au nom de tous, et les fit monter dans sa voiture. Aussitôt les Raquetteurs avec leurs flambeaux leur firent escorte et le cortège se mit en marche, défilant par les rues Chamflour, Ste-Marie et Bonaventure jusqu'au carré de La Violette. Tout le long du parcours les fanfares alternèrent avec les chansons canadiennes, parmi lesquelles on n'oublia pas : *A Saint-Malo beau port de mer, A la claire fontaine, Trois beaux canards s'en vont baignant, La fontaine est profonde, En roulant ma boule.*

Le lieu de réception choisi par le comité était le carré de La Violette, l'enceinte même du vieux fort des Français, dominé par le vieux Château en face la vieille église paroissiale dont la flèche est encore surmontée de la croix ornée de fleurs de lys.

Une estrade y avait été élevée tout à côté de la statue de La Violette, le premier gouverneur de la ville qu'on eût dit réveillé du sommeil de la tombe et commandant la garde autour de son Roi. Cette estrade quoique construite à la hâte était gracieuse, surmontée de clochetons, ornée de courants de verdure, d'oriflammes, de drapeaux aux couleurs de Sa Majesté la Reine Victoria, des Rois de France et de la Confédération. L'écusson de la famille royale de France avec fleurs de lys sur champ d'azur dominait le fronton. Placée sur une pointe de terrain élevée d'une vingtaine de pieds au-dessus de la place de l'Église, elle offrait un splendide coup d'œil.

Le maire et les échevins y conduisirent les Princes pour y recevoir les adresses. Elles étaient empreintes de cette antique loyauté et de ce patriotisme qui ne se perdent jamais dans de telles races.

Celle présentée par le maire disait :

Oui, nous aimons à évoquer tout particulièrement en cette circonstance le cher souvenir de notre ancienne mère-patrie, de cette France que vos aïeux ont faite si grande, dont les traditions glorieuses ont été conservées intactes par vous, illustre rejeton de tant de Rois.

Trop heureux serions-nous, Monseigneur, si, éloigné pour un temps de votre pays, vous retrouviez quelque peu ici, dans la Nouvelle-France, l'illusion de la patrie absente, de cette vieille France que vous aimez; si vous reconnaissiez dans la physionomie de notre peuple la famille que vos ancêtres ont établie ; si, dans nos monuments et jusque dans nos ruines, vous retrouviez des témoins qui redisent les gloires d'un passé qui nous est cher à tant de titres.

La colonie belge, les ouvriers n'exprimèrent pas des sentiments moins élevés.

Monseigneur le Comte de Paris y répondit en ces termes :

Monsieur le Maire,

L'accueil que je reçois des habitants de la vieille ville des Trois-Rivières m'émeut au delà de ce que je puis dire. Je les remercie du fond du cœur ainsi que tous ceux des villages avoisinants qui se sont joints à eux.

Les sentiments qu'ils ont conservés pour la France me touchent profondément, et je leur demande de s'unir à moi pour crier : Vive la France.

Ce n'étaient qu'acclamations et que chants, et toute la soirée les Princes installés dans leur hôtel s'entendaient appeler par les cris de : Vive la France ! Vive Monseigneur ! Vive le Premier Conscrit de France !

Le lendemain, M. le maire Normand, M. l'échevin Saint-Pierre, M. de la Vallée-Poussin et quelques notables vinrent prendre les Princes pour les accompagner dans leurs visites.

La première fut pour M. l'évêque La Flèche qui, entouré de son clergé, prononça un émouvant discours, auquel Monseigneur le Comte de Paris répliqua en rendant les plus justes hommages au clergé canadien.

On introduisit alors Mgr Gravel, évêque de Nicolet, qui, avec un grand nombre de ses prêtres, le maire, les échevins et les plus considérables habitants de cette ville, voulait aussi venir saluer les descendants des Rois de France.

Au couvent des Ursulines, un ancien couvent français fondé depuis plus de deux siècles, la réception fut vraiment royale; les religieuses, relevées pour un moment de leur rigoureuse clôture en l'honneur de la visite du Chef de la Maison de France, et les élèves avaient préparé une séance de musique et de chant. Monseigneur le Comte de Paris remercia en ces termes après qu'on eût lu l'adresse

Mesdemoiselles,

Nous sommes très touchés, mon fils et moi, des paroles que nous venons d'entendre. Nous sommes heureux de pouvoir, en venant au milieu de vous, donner un témoignage de notre sympathie à une institution dans laquelle on vous apprend à connaître la France et à l'aimer. L'accueil que vous nous faites nous

prouve que vous vous êtes inspirées de ces sentiments et je vous
en remercie.

Après une visite au séminaire et au couvent de la Providence, après
avoir reçu une députation et une adresse des zouaves pontificaux du
district, les Princes reprirent le train qui devait les conduire à Québec.

A Québec.

Bien avant l'heure prévue pour l'arrivée des Princes, plusieurs mil-
liers de personnes se pressaient déjà à la gare, les étudiants de l'Université Laval entonnaient gaiement pour tromper l'attente les vieux
airs nationaux « ô Canada, terre de mes aïeux », « Vive la France! »,
« Vive la Canadienne! »

Son Honneur le maire Frémont et les membres du comité de réception avaient fait préparer une vaste estrade sur laquelle les Princes
prirent place au milieu des acclamations; les présentations et la
lecture des adresses commencèrent.

Au maire qui avait salué en lui « le premier gentilhomme de France »
Mᵣ le Comte de Paris répondit :

Monsieur le Maire,

Je vous remercie de votre cordiale bienvenue. Mon fils et
moi nous sommes heureux de nous trouver dans cette ville
historique qui, comme vous le dites, est pleine de souvenirs de
la vieille France. L'accueil que nous trouvons dans ce pays
auquel nos ancêtres avaient donné le nom de Nouvelle-France
nous touche profondément. Séparés de notre patrie nous sommes heureux de nous trouver au milieu de Français d'origine,
et nous les félicitons du bonheur dont ils jouissent sous le règne
de leur auguste Souveraine.

On monta en voiture, et en se rendant à leur hôtel, les Princes voulurent s'arrêter et mettre pied à terre pour contempler au Jardin du
Fort le monument élevé à la mémoire de Montcalm et de Wolfe, les
deux illustres rivaux.

Dès leur arrivée à l'hôtel Saint-Louis, de nouvelles présentations
avaient lieu. A quatre heures, les zouaves pontificaux de la pro-

vince étaient venus avec une adresse et avaient eu de Mgr le Comte de Paris et de Mgr le duc d'Orléans une audience aussi cordiale que celles de leurs camarades de Montréal.

Après avoir reçu la visite de l'honorable M. Mercier, premier ministre, les Princes partirent pour aller dîner à la campagne du lieutenant-gouverneur, M. Angers, descendant d'une vieille famille picarde, et dans ce salon, dont les honneurs furent faits avec une grâce toute française, ils pouvaient encore avoir l'illusion de se trouver au milieu de compatriotes.

Le mardi 28, la journée commença par une visite aux Ursulines, et Mgr le Comte de Paris, enchanté du gracieux accueil, des bouquets et de l'excellente musique qu'on lui offrit, félicita en ces termes la jeune fille qui venait de lui lire l'adresse :

Mademoiselle,

En nous souhaitant la bienvenue, à mon fils et à moi, vous nous prouvez combien, dans cette maison, on chérit les souvenirs de France, combien ces souvenirs sont unis à la foi catholique qu'on vous enseigne. Nous sommes d'autant plus touchés des témoignages de sympathie que nous recevons, et aucun ne saurait nous être plus précieux que celui que nous venons recueillir au milieu de vous, dans la vieille cité française et catholique de Québec.

Les religieuses montrèrent ensuite aux Princes, comme une précieuse relique dont elles ont la garde, le crâne de Montcalm.

Son Eminence le cardinal Taschereau a reçu dans son palais la visite de Mgr le Comte de Paris et de Mgr le duc d'Orléans et leur a offert la Vie de son premier prédécesseur, Mgr de Montmorency-Laval, magnifiquement reliée en chagrin rouge.

A la basilique de Québec, les augustes voyageurs ont pu admirer des ornements en drap d'or, don du Roi Louis XIV.

Nous empruntons au *Canadien* le récit de la scène émouvante qui se passa à l'Université Laval, dont le nom seul indique l'origine toute française.

Le Comte et sa suite sont arrivés au salon de l'Université Laval vers dix heures, et un quart d'heure après ils faisaient leur entrée dans la grande salle des promotions au son de la fanfare des élèves du séminaire. Sur l'estrade avait été préparé un trône où le Comte a pris place, ayant à sa droite Son Eminence le cardinal Taschereau, et à sa gauche le duc d'Orléans.

VISITE DU COMTE DE PARIS AU MONUMENT DE MONTCALM
A QUÉBEC

Les autres personnages de la suite du Comte et les membres du comité de réception des citoyens étaient aussi sur l'estrade.

Les professeurs et les élèves de l'Université assistaient en costume, ainsi que les élèves du séminaire.

Mgr B. Pâquet, Recteur de l'Université, s'est alors avancé sur l'estrade et a prononcé une allocution remarquable dans laquelle il a exprimé le bonheur qu'il éprouvait de recevoir, en ce moment, l'un des descendants des fondateurs de la Nouvelle-France.

Il a rappelé en termes bien sentis les bienfaits de la France pour nous au temps du grand Roi Louis XIV, il a parlé des souvenirs historiques de Québec, spécialement de l'Université, fondée par l'un des descendants du premier baron chrétien de France, Mgr de Montmorency-Laval, et des sentiments patriotiques qui nous animent, malgré notre loyauté à la couronne britannique, pour la patrie de Jeanne-d'Arc et de saint Louis.

En terminant son allocution, Mgr Pâquet, montrant du geste le drapeau de Carillon que l'on venait d'apporter sur l'estrade, a dit au Comte de Paris les paroles suivantes : « Monseigneur, nous sommes heureux de vous présenter en ce moment un témoin du passé. C'est un vieux drapeau à l'ombre duquel les soldats français et canadiens se sont couverts de gloire autrefois pour la défense de la Nouvelle-France. » Puis se tournant alors vers la galerie où était la fanfare : « Saluez le drapeau de Carillon, » s'écria-t-il; et la fanfare fit entendre l'air populaire *O Carillon*.

Il est difficile de dire l'enthousiasme et l'émotion qui se sont emparés de toute la salle à ce moment-là.

Mgr le Comte de Paris prononça alors les paroles suivantes :

Monsieur le Prélat. — Je suis aussi vivement touché des paroles que vous venez de prononcer. Elles augmentent l'émotion que j'éprouve en me trouvant entouré des professeurs et des élèves dont vous venez de m'exprimer en termes si élevés l'affection pour la France et la foi catholique. Vous comprendrez la joie que nous éprouvons, mon fils et moi, en retrouvant au milieu de notre exil un puissant foyer d'instruction qui, répandant ses bienfaits et ses lumières sur tout un peuple laborieux et prospère, entretient chez lui dans toute leur ardeur ces deux sentiments. C'est cet amour et cette foi qui nous unissent nous Français et vous Canadiens et qui font ouvrir les bras des citoyens de la Nouvelle-France lorsque les représentants de l'ancienne viennent se retremper parmi eux. Que Dieu protège votre œuvre et vos élèves !

Monsieur le Cardinal,

Je remercie de tout mon cœur Votre Éminence d'avoir bien voulu présider à cette cérémonie.

Monsieur le Recteur,

La vue du glorieux drapeau de Carillon m'émeut profondément. Je vous remercie de m'avoir fourni l'occasion de contempler cette relique qui rappelle une des pages les plus bril-
lantes de notre commune histoire.

La fête s'est terminée par une demande de congé faite par un jeune
Bélanger, le boursier du duc d'Orléans, un orphelin, qui jouit de la bourse
fondée en 1749 par le quatrième duc d'Orléans, un des ancêtres de
Mgr le Comte de Paris, auquel Mgr Paquet a fait allusion dans son allocution.

Les Princes se rendirent ensuite avec leur cortège au palais du Gouvernement, où ils furent officiellement reçus et complimentés par le
premier ministre, M. Mercier, par le président de la Chambre Haute
et l'Huissier de la Verge-Noire.

L'après-midi fut consacré à des excursions. Les Princes allèrent visiter autour de Québec les champs de bataille d'Abraham (1759) et de
Sainte-Foye (1760). C'est dans le premier de ces combats, si glorieux
pour nos armes, que Montcalm tomba mortellement blessé presqu'au
moment où le général anglais Wolfe était lui-même frappé à mort, et
que les troupes françaises, écrasées par le nombre, durent battre en
retraite en abandonnant Québec. Sainte-Foye fut une victoire rem-
portée par le chevalier de Lévis, qui faillit reprendre Québec, et n'en
fut empêché que par l'absence de renforts et de soutien.

Sur cette terre, on ne faisait pas un pas sans se heurter à quelque
patriotique souvenir !

Ainsi au pied du monument de Jacques Cartier, les Princes venaient-
ils d'être reçus et harangués par les membres des Cercles catholiques,
qui avaient remercié Mgr le Comte de Paris d'avoir répondu à leur appel et figuré parmi les premiers souscripteurs.

Un train spécial emportait ensuite les augustes visiteurs vers la basilique de Sainte-Anne de Beaupré, le pèlerinage national du Canada,
où près de quatre-vingts béquilles par an sont offertes en ex-voto par
les malades guéris. A l'arrivée des Fils de France, les cloches sonnèrent à toute volée, et le chapitre leur montra les dons envoyés jadis
au sanctuaire par la piété de leur aïeule Anne d'Autriche. Au passage
le train s'était quelques instants arrêté pour permettre de contempler
les célèbres chutes de Montmorency.

Le banquet, donné le soir à l'hôtel Saint-Louis, avait réuni l'élite de
la capitale canadienne. Son Honneur le maire Frémont qui présidait,
après avoir porté la santé de la Reine, s'adressa à Mgr le Comte de
Paris en ces termes vraiment éloquents :

C'est un bonheur pour moi de proposer un toast qui sera bu avec tou
l'enthousiasme qu'il mérite.

Nous avons l'honneur, depuis quelques heures, d'avoir dans nos vieux murs élevés par les Français d'autrefois Mgr Louis-Philippe Albert d'Orléans, Comte de Paris, l'héritier des anciens Rois de France qui ont établi cette colonie de la Nouvelle-France et qui ont fondé cette vieille cité de Champlain.

C'est une grande joie pour nous de saluer dans la personne de Son Altesse Royale tout ce qui nous rappelle l'ancienne mère-patrie.

Ces souvenirs de la France sont si vivaces dans nos esprits et si chers à nos cœurs que nous pouvons affirmer que nous sommes restés Français.

Les populations de la province sont remplies de sentiments de loyauté vis-à-vis la Couronne. Nous nous glorifions de nous compter parmi les plus fidèles sujets de Sa Majesté. Mais les liens étroits qui nous unissent à l'Angleterre ne nous empêchent pas de rester Français de cœur. Car c'est sur les genoux de nos mères que nous avons appris à aimer la France et la glorieuse histoire des temps passés, comme nous apprenions, dès notre enfance, à conserver intact le dépôt sacré que nous avaient légué nos pères : Notre Religion, notre Langue et nos Lois.

Aussi chaque fois que l'occasion se présente, pour des Canadiens, de se rappeler les travaux de leurs ancêtres, les luttes et les gloires du passé, leurs cœurs tressaillent d'émotion.

Aujourd'hui que nous sommes réunis pour témoigner nos sentiments de respect pour l'hôte illustre qui a bien voulu honorer ce banquet par sa présence, nous nous rappelons avec une grande joie que Son Altesse le Comte de Paris personnifie, ici, pour nous, tout ce passé qui nous est si cher.

Nous saluons en Votre Altesse non seulement un Français distingué par sa naissance illustre, mais encore par ses mérites personnels.

Guerrier, littérateur, philosophe; les travaux et les œuvres de Mgr le Comte de Paris sont présents à notre mémoire et tout en offrant nos hommages à un Prince Royal, nous nous inclinons en même temps en présence de l'homme éminent, qui mérite à tant de titres notre admiration et notre respect.

Vous voyez réunis autour de vous, Monseigneur, des Canadiens de toutes les origines et de toutes les races. Ils se sont assemblés sans examiner quelles peuvent être leurs opinions personnelles sur la politique d'un pays qui est l'ancienne mère-patrie pour le plus grand nombre.

L'honneur qu'ils ressentent de la visite du Prince, qui est au milieu de nous ce soir, n'est surpassé que par la joie qui est au fond de leur cœur.

Je sais, messieurs, que je me fais l'interprète de vos désirs les plus chers, et je sens qu'en ce moment tous les cœurs battent à l'unisson du mien, en proposant la santé de Mgr le Comte de Paris.

Monseigneur le Comte de Paris se leva et prononça le discours suivant :

Messieurs,

En me levant pour vous remercier de la santé que vous venez de porter, je tiens à vous dire combien mon fils et moi nous sommes reconnaissants de votre accueil. Vous nous avez reçus comme si nous étions des vôtres, et ce dernier souvenir nous sera particulièrement précieux. Lorsque, dans quatre jours, nous partirons pour l'Europe, il nous semblera que nous nous éloignons de la France; car, au milieu de vous, nous oublions pour un jour les tristesses de l'exil.

N'est-ce pas ici, en effet, un coin de la vieille France? à chaque pas que nous faisons sur votre sol nous rencontrons un aspect familier ou un souvenir historique. La touchante et fière devise de votre province n'est-elle pas d'ailleurs: *Je me souviens?* Votre cité, antique pour le nouveau monde, ressemble à une de ces vieilles villes normandes dont les fils venaient autrefois peupler les rives du Saint-Laurent, les noms des villages de votre province, Montmorency, Lévis, Richelieu, Chambly, rappellent ceux de nos plus nobles familles françaises.

Vous m'avez conduit ce matin au pèlerinage de Sainte-Anne de Beaupré, qui veille sur vos marins, comme Sainte-Anne d'Auray veille sur les marins bretons. N'était-ce pas aussi un pèlerinage que notre visite au monument élevé à Jacques Cartier, cette gloire commune de nos deux patries, et à la colonne qui perpétue le souvenir de l'héroïque Montcalm?

C'est une généreuse pensée qu'a eue l'Angleterre lorsqu'elle a inscrit sur cette colonne les noms des deux adversaires réunis par la mort et associés dans la gloire. C'est ainsi, messieurs, que vous savez associer au souvenir d'un passé qui vous est cher, votre fidélité loyale au gouvernement nouveau que la Providence vous a donné.

Je termine donc en vous proposant de boire au Canada, à la France et à l'Angleterre.

Après Mgr le Comte de Paris, prirent la parole deux des orateurs les plus renommés du Canada, le juge Routhier et M. Thomas Chapuis.

Avec la plus grande élévation de pensée et la correction de la forme la plus élégante, eux aussi, ils firent appel aux anciens souvenirs toujours vivants dans les cœurs.

M. le juge Routhier avait raison de s'écrier :

Nous aimons la France et, quand nous nous inclinons devant les Princes d'Orléans, c'est elle que nous saluons en même temps que leurs personnes augustes; quand nous louons leurs qualités et leurs vertus, c'est encore sur la France que rejaillit notre éloge.

M. Chapuis terminait son discours par cette brillante péroraison :

Merci, Monseigneur, d'avoir bien voulu boire à la santé de notre Canada. Lorsque nous nous rappelons qui vous êtes, lorsque nous songeons aux grandes choses que votre grand nom et votre présence ici font revivre parmi nous, nous vous disons que notre pays a rarement reçu un pareil honneur. Merci, et soyez assuré que nous garderons de votre visite au milieu de nous un durable et enthousiaste souvenir.

Il était alors près de minuit, et c'est en effet au milieu d'un sincère et chaleureux enthousiasme que les convives durent songer à se séparer.

Le lendemain matin, les Princes reçurent une députation des derniers descendants de ces fameux Hurons, de ces Indiens, qui par opposition contre les Iroquois, ennemis des Français, se déclarèrent toujours fidèles à notre vieille Monarchie et sont encore fiers des parchemins qu'ils ont obtenus des Rois Louis XIV et Louis XV. Eux aussi ils présentèrent leur adresse bien enluminée sur parchemin avec un flot de rubans aux couleurs françaises, et elle est assez curieuse pour mériter d'être citée à titre de document.

Ononthio,

Les chefs, les guerriers, les femmes et les enfants Hurons de la Nouvelle Lorette, Te saluent tous.

Tu vois devant toi les fidèles alliés des anciens Rois de la France, Tes Pères.

L'âme de Kondiaronk, d'Abatsistari et celles des autres vaillants Capitaines de Notre Nation doivent aujourd'hui se réjouir de Ta présence au milieu de nous, tandis qu'elle parle à notre cœur et à notre esprit.

Depuis que Saint George et son Dragon ont remplacé Saint Louis et son Lys, depuis, dis-je, que le drapeau blanc fleurdelisé repassant les eaux du Grand-Lac, renfermant dans ses plis le deuil et les pleurs des Hurons, a fait place au fier drapeau britannique, les sentiers de la guerre sont recouverts d'une épaisse couche de mousse ; la hache de guerre a été enterrée. Au lieu des cris de mort de nos guerriers, nos forêts retentissent au loin de la chanson des paysans qui conduisent tranquillement leur troupeau au pâturage, sans redouter l'affût des farouches ennemis d'autrefois ; et les nations sauvages aussi depuis fument ensemble avec les blancs, leurs frères, le calumet de la Paix à l'ombre de ce fier drapeau.

Ononthio,

Ne vas pas croire cependant que les descendants des Hurons ont perdu le souvenir de leurs vaillants et nobles alliés de la vieille France. Les exploits de ces hommes héroïques dont le sang a suffi au ciel pour faire disparaître la barbarie de nos ancêtres ont imprégné nos cœurs de souvenirs qui ne s'effaceront jamais.

Nous t'invitons à venir visiter notre bourgade. Tu y seras le bienvenu et Tu y verras encore des traces de la munificence des Rois de France, Tes Pères.

Ononthio,

Ma fille Clémentine OK8esen (la perdrix) me charge de Te prier de vouloir bien présenter à Ta Femme cette petite Couronne faite de grains de porcelaine (Wampums) qu'elle a détachés pour Elle de son collier, petite couronne emblématique de celle que Son Altesse devra ceindre, un jour, dans Ton beau pays de France.

Nous prions le Grand Esprit qu'il écarte de Toi les méchants Manitous; qu'il Te protège, Ta noble Femme, ainsi que le vaillant et généreux Guerrier, Ton fils.

Pour les Chefs Hurons
Je dis
Paul Tsa8enhohi
(guerrier).

Maurice Sébastien, Abginoulen (l'ours) Grand Chef des Hurons.
Philippe Vincent Theon8atasta (Il se tient debout), Chef.
François Sassenio (l'homme droit), Chef.
Gaspard Ondiaralethi, Chef.
Antoine Sébastien 8aendarolen (Celui qui parle). Agent des Sauvages Hurons.

Les Princes visitèrent ensuite, sous la conduite de plusieurs officiers supérieurs, les fortifications de Québec et les quartiers de la milice. Ils acceptèrent l'invitation à déjeuner du lieutenant-colonel Du Chesnay, président du club de la garnison, et dans l'après-midi, non sans regret, ils se mettaient en route pour retourner à New-York.

Nous n'avons pas voulu mêler de dissertations ni de réminiscences historiques au récit des journées si bien remplies que l'on vient de voir défiler. Nous avons pensé que les documents eux-mêmes feraient mieux connaître le caractère des Canadiens français, de cette race solide et forte, active et sage, chrétienne et résolue qui par un régime patriarchal développe chaque année sa puissance à mesure que les familles, en se multipliant, en produisent d'autres. Les Canadiens français qui sont actuellement au nombre de deux millions cent mille ne désespèrent pas d'ici cinquante ans d'être au moins huit millions et d'avoir ainsi la majorité sur toutes les autres races de la Confédération canadienne.

Ils jouissent de toutes les libertés civiles, politiques et religieuses à un degré inconnu chez nous et n'en abusent pas. Le parti libéral qui est actuellement au pouvoir et qui dispose dans le Parlement d'une majorité des plus considérables ne songe pas à gâter sa situation par des persécutions, des gaspillages et des fanfaronnades d'impiété. Heureux et bon pays !

RETOUR DES PRINCES EN EUROPE

Le 30 octobre, les Princes rentrèrent à New-York, d'où le 1er novembre ils devaient s'embarquer avec leur suite.

Mgr le Comte de Paris ne fit qu'une seule visite avant son départ, elle fut pour la veuve du général Grant, ancien président des États-Unis.

Le 1er novembre au matin, on était debout de bonne heure, le départ était fixé à huit heures.

Les généraux Butterfield et Porter, le général Sickles et le colonel E.-H. Wright, du comité de New-York, et le colonel Nicholson, du comité de Philadelphie, avaient été délégués pour souhaiter au Prince un bon voyage.

Donnant une chaude et vigoureuse poignée de main au général Butterfield, le Prince l'a remercié à plusieurs reprises de son hospitalité.

Le général a répondu en exprimant tout le plaisir qu'il avait eu à recevoir un ancien compagnon d'armes et un ami personnel de longue date.

Le paquebot s'éloigna du quai à huit heures; le Prince et sa suite demeurèrent sur le pont jusqu'à ce que le bâtiment fût hors de vue, agitant chapeaux et mouchoirs pour répondre aux amis restés sur le quai.

Tel fut ce beau voyage, si intéressant à tant de titres. Les exilés qui personnifiaient tout le glorieux passé de la France et qui sont la réserve et l'espérance de son avenir, venaient sur ces terres lointaines de réveiller en sa faveur toutes les plus nobles sympathies.

Le Comte de Paris, soldat, historien, philosophe et politique chrétien, avait fait applaudir par les libres citoyens d'une République légitime la haute et saine doctrine qui réclame pour chaque peuple son gouvernement national, celui qui est le résultat logique et historique de sa formation même et de ses traditions.

Dans une de ces colonies où le drapeau de la France avait apporté l'Évangile et la civilisation, il avait recueilli des hommages qui ne s'adressaient pas seulement à son auguste personne, mais dont l'éclat rejaillissait aussi sur la race illustre entre toutes dont il est l'héritier et sur le grand principe dont il garde fidèlement le dépôt.

L'écho de ces généreuses manifestations a traversé l'Atlantique pour venir retentir aux oreilles des patriotes qui tiendraient pour un crime de déserter jamais la cause de la justice, de la liberté et du progrès.

Les Monarchistes français ont ressenti autant de joie que d'orgueil en voyant leurs Princes entourés de tant d'honneur et portant si haut leur fier drapeau. Ainsi du Nouveau-Monde nous sont venues des consolations, des leçons, des exhortations qui ont ranimé dans les cœurs l'espoir des jours heureux où nous verrons les luttes civiles et sociales apaisées, les volontés réconciliées, la prospérité restaurée, des jours où, comme les Canadiens, nous aurons retrouvé nos institutions et nos lois.

Paris. — Imp. WARMONT, Palais-Royal.

www.ingramcontent.com/pod-product-compliance
Lightning Source LLC
Chambersburg PA
CBHW051624060726
47597CB00004B/1424